はじめてのお誕生会

辰元草子

はじめに

　私が2人の娘のために毎年、お誕生会を開くようになったのは、自分自身が小さい頃に開いてもらったお誕生会の思い出が色濃く残っているからです。

　いちばん記憶に残っているのは、7歳のときのお誕生会。はじめて自宅にお友だちを招いて、母の手料理とケーキを食べるというものでした。

　バースデーソングを歌ってもらい、ろうそくを吹き消したあと、ケーキをみんなでほおばります。プレゼントもうれしかったけれど、思い出すのはきちんとスプーンとフォークが並べられた〝私のお誕生会のためだけに〟作られたテーブル。大好きなミートソーススパゲッティと母の手作りショートケーキ。そして、ちょっとおしゃれをしたお友だちと私。30年以上も前のことですから飾りつけなどもとくになく、今のお誕生会に比べるとちっともおしゃれではないのかもしれませんが、子どもの私にとっては「特別な一日」として今でも大切な記憶になっています。

　お誕生日のお祝いに特別な思いがあるのは、こうした背景があるのだと思います。

　また、アニヴァーサリー・プランナーとして、これまでさまざまな記念日に立ち会ってきて思うのは、やっぱりママにとっていちばんの記念日は子どものお誕生日ということ。

　娘たちのお誕生会を開くうちに、参加してくださったママたちから「私も子どもにこんなかわいいパーティをしてあげたい！」という声をたくさんいただくようになりました。

自宅でお誕生会を開くとなると、家中を飾りつけて、立派なごちそうを用意しなきゃ！　と思うかもしれません。でも、子どもは食べ慣れているママのお料理が大好き。そのお料理をちょっとした工夫や盛りつけでかわいく楽しい一品に変身させたり、市販のショートケーキをデコレーションするだけで"特別なケーキ"になります。

　この本では、そんなお誕生会のアイデアや演出をまとめてみました。

　そして、子どもにとっても自分のお誕生日は特別なもの。

　最近では、お誕生日が近づいてくると娘たちのほうからすすんで「今年は、お花がいっぱいのお誕生会がいいな」「ケーキはハート形にして！」とリクエストしてくるようになりました。そして必ず「お友だちは喜んでくれるかな？」という言葉がついてくるように。そう、おうちで開くお誕生会は思い出になるだけでなく、集まってくれたお友だちをもてなす気持ちが自然に育まれていくのです。

　娘たちのお誕生会を開くようになってから、今年で10年。子どもたちが小さいときは気づかなかったけれど、子育ての時間って本当にあっという間。いつまで"ママの開くお誕生会"を楽しみにしてくれるのでしょう。

　この本が、愛するわが子のために開く「お誕生会」を宝物にするお手伝いとなり、その子が大人になったとき、懐かしく眺めてもらえたらうれしいです。

　そして、この本を手にとってくださったみなさまの記念日が楽しく幸せなものでありますように……。

　　　　　　　　　　2011年3月　アニヴァーサリー・プランナー　辰元草子

CONTENTS

- 2 はじめに
- 6 この本の使い方

第1章
はじめてのお誕生会

- 8 はじめてのお誕生会
- 10 はじめてのお誕生会の開き方
- 12 はじめてのお誕生会〜女の子編〜
- 14 はじめてのお誕生会〜女の子編〜の開き方
- 16 はじめてのお誕生会〜男の子編〜
- 18 はじめてのお誕生会〜男の子編〜の開き方
- 20 column #1　手作りお誕生会グッズで、盛り上がろう！
- 22 essay #1　私が開いたはじめてのお誕生会の思い出

第2章
お誕生会を盛り上げるグッズ＆演出

- 24 定番メニューも、ちょこっとおめかし
- 26 飾りアイテムの作り方
- 28 手作り段トレイで、パーティ感アップ！
- 30 段トレイの作り方
- 32 アクリルボードを活用しよう！
- 34 アクリルボード盛りの作り方
- 36 column #2　型抜きフードで、テーブルの上をもっとかわいく♪
- 38 essay #2　お誕生会を開くと決まったら！　〜当日までのスケジュール〜

＊誌面には、竹串やようじが出てきます。お子さんが使用する際は、大人が目を離さず、充分に注意をしたうえで使用するようお願い致します。
＊100円ショップ、300円ショップの商品は、店舗や入荷状況によって取り扱いがない場合があります。また、100円ショップの商品は105円、300円ショップの商品は315円と税込み価格で統一しています。
＊料理の分量は、子ども1人分です（表記のあるものは除く）。
＊店名が書いてあるものは、79ページの協力店リストを参照してください。

第3章

子どもが喜ぶ
かわいいケーキ&フード
39

- **40** 簡単！ マシュマロケーキを主役に
- **42** マシュマロケーキの作り方
- **44** お一人様ケーキなら、子どもたちも大満足♪
- **46** お一人様ケーキの作り方
- **48** 人気メニューは、ミニサイズに
- **50** ミニサイズフードの作り方
- **52** クリアカップを使えば華やかに！
- **54** カップへの盛りつけ方
- **56** お菓子は"飾り出し"で、かわいくサーブ
- **58** "飾り出し"の作り方
- **60** column #3　アクティビティフードを楽しもう！
- **62** essay #3　年齢別・お誕生会の楽しみ方

第4章

テーマを決めて、
お誕生会を開こう！
63

- **64** 女の子に人気のプリンセスパーティ
- **66** プリンセスパーティの開き方
- **68** 男の子が喜ぶ、サファリパーティ
- **70** サファリパーティの開き方
- **72** 水玉パーティ&ストライプパーティ
- **74** 水玉パーティの開き方
- **75** ストライプパーティの開き方
- **76** column #4　お誕生会思い出保存術
- **78** 型紙／協力店

この本の使い方

「お誕生会を開く」といっても、まず何から始めたらいいのかわからないというのが本当のところだと思います。まず、どんなお誕生会を開きたいのか本書をパラパラとめくってイメージしてください。準備や負担もなく手軽に開きたいのか、少しこだわってテーマを立てて開きたいのか？ 開きたいお誕生会によって、見るページも違ってきます。

また、準備からお誕生会当日までの流れを大まかに知りたい人は、まず、38ページのタイムスケジュールをチェック。全体の流れを把握することで、やるべきことや準備することが整理できます。

はじめてお誕生会を開くママや簡単なお誕生会を開きたいママには第1章、お誕生会を開くことに慣れてきたママやもう少し凝ってみたいママには、テーマを立てて開くお誕生会を紹介した第4章をおすすめします。

また、第2章ではいつもの食べ物をお誕生会らしくする盛りつけ方の提案を集め、第3章では、お誕生会のテーブルの主役・バースデーケーキの作り方や子どものお誕生会ならではの食事を紹介しています。

まず第1章、第4章から開きたいお誕生会を選んだら、ぜひ第2章、第3章の小さなアイデアたちをそこに盛り込んでいってみてください。きっとオリジナリティ溢れる「うちだけのお誕生会」になりますよ。

パーティハットなどお誕生会を盛り上げる手作りグッズや子どもたちを飽きさせないピザ作りのアクティビティなども、コラムで書き加えてありますので、参考にしてみてください。

chapter 1

第1章　はじめてのお誕生会

「お誕生会、開いてみたいけれど、ホームパーティすらやったことのない私にできるかしら?」そんな不安を持つ方も多いと思います。ここでご紹介するお誕生会は、はじめてお誕生会に挑戦するママでもできる簡単なもの。手軽さを重視した〝手間は最小、でも見た目は最大限にかわいい〟お誕生会です。材料も100円ショップやスーパーマーケットで揃うものばかりなので、買い出しもらくちんです。

はじめてのお誕生会

はじめて開くお誕生会なら、テーブルの上を飾るだけでも充分です。だから、主役のケーキも、ミニシュークリームを積み上げるだけの簡単なものにしました。もし余裕があれば、壁も風船を貼るなどして飾ってみてください。いつもと違う空間になって、お誕生会の雰囲気がぐっと盛り上がります。

chapter 1

 簡単
クロカンブッシュ

クロカンブッシュは、ミニシュークリームを飴などでツリー形に固めたフランス菓子。ここでは積み上げるだけのクロカンブッシュ風を紹介。

02 画用紙ランチョンマット
＆名前タグつきプレート

ランチョンマット代わりに使う画用紙は、跡のつかないテープでテーブルに貼ると、小さい子にも安心して使えます。

03 風船
デコレーション

風船があると、ぐっとお誕生会らしい空間になります。丸めたガムテープで、壁にランダムに貼るだけです。

作り方はp.10〜11参照

はじめてのお誕生会 (p.8〜9)の開き方

01 簡単クロカンブッシュの作り方

□ 材料
市販のミニシュークリーム24個
細長いキャンドル5本

point ひと口サイズを選ぶのがポイント。

1 皿の中央にミニシュークリームを1つ置き、そのまわりもミニシュークリームで円形に囲む。

2 隙間を埋めるように2段目のミニシュークリームをのせていく。

いつかは欲しい！足つきケーキトレイ
足つきのケーキトレイにクロカンブッシュをのせると高さが出て、おしゃれに。ガラス製のものは、手持ちの食器や紙皿とも合わせやすく1つあると便利。デパートなどで購入可能。

3 3段目、4段目も同様にミニシュークリームをのせていき、いちばん上に最後の1個をのせる。

4 細長いキャンドルを、バランスよくミニシュークリーム本体や隙間にさしていく。

02 画用紙ランチョンマットの作り方

1 テーブルの各席に画用紙を置き、角をマスキングテープで斜めにとめる。

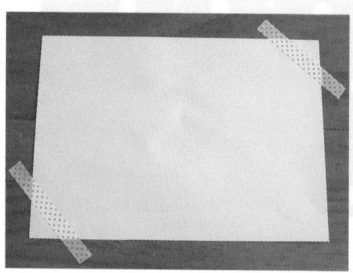

2 反対側も、同様にマスキングテープでとめる。これでよれたりはがれたりしない。

□ 材料
好きな色のA4サイズの画用紙
1.5cm幅のマスキングテープ

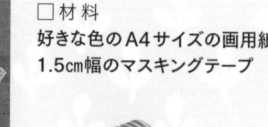

これがマスキングテープ

粘着力が弱く、のり残りが少ないので食器や家具に貼っても跡がつかない。文房具店や100円ショップ、300円ショップで買える。

02 名前タグつきプレートの作り方

□ 材料
直径20cmの白い紙皿
1.5cm幅のマスキングテープ
油性ペン

1 マスキングテープを8cmほど切り、紙皿のふちに半分に折ってタグ状につける。

2 招いたお友だちの名前を油性ペンで書き入れる。水性ペンだとインクをはじいてしまうので要注意。

03 風船デコレーションの作り方

□ 材料
風船
風船用空気入れ
ガムテープ

1 風船用の空気入れで風船をふくらませ、口を結ぶ。

2 ガムテープを丸め、風船の表面に貼る。

 Point

風船をふくらますのは、想像以上に体力を使う大変な作業。専用の空気入れ「ハンドポンプ」がおすすめ。大型雑貨店などで500〜900円で購入できる。

3 風船を壁に貼る。壁の材質によっては取れやすいので、その場合はガムテープを何ヵ所かに貼る。

風船の色によって、会場の雰囲気も変わる

今回はパールがかったパステルカラーで揃えることで、やさしいイメージにまとめたが、鮮やかな色の風船を使えば元気な雰囲気に。風船の色は会場の空気も左右する。

はじめてのお誕生会
～女の子編～

女の子のお誕生会は、ピンクでまとめると好評です。ランチョンマットと紙皿をピンクにするだけでも、いつものテーブルが甘い雰囲気に変わります。ただしピンク一色だとメリハリがなくなってしまうので、ところどころ赤や白を差し色に使うといいでしょう。

chapter 1

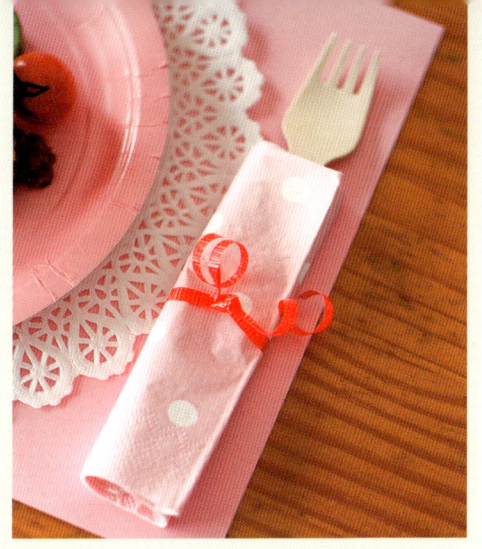

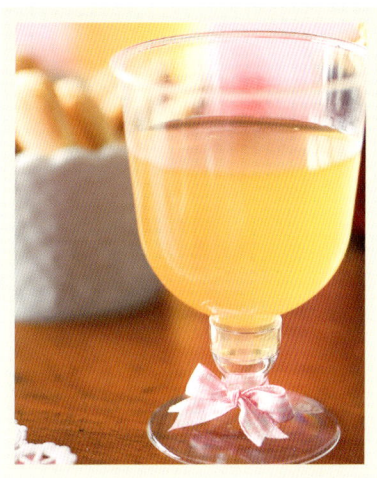

04 女の子用ランチョンマット&カトラリー

ピンクの画用紙のランチョンマットに、ケーキ用のレースペーパーをのせただけで、レディな気分を味わえるテーブルセッティングに。

05 リボンつきグラス

プラスチック製のワイングラスなら割れる心配もなく、安心して使えます。大人気分を味わえるから、子どもたちにも大好評。

06 型抜きサンド

丸型で抜いて積み重ねただけで、サンドイッチもケーキみたいに。「サンドイッチ?」と思わせる盛りつけに子どもたちもにっこり♪

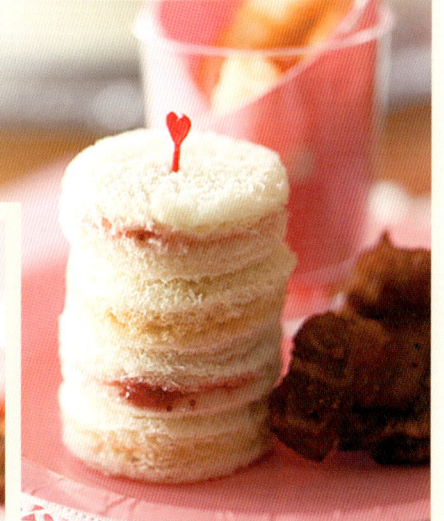

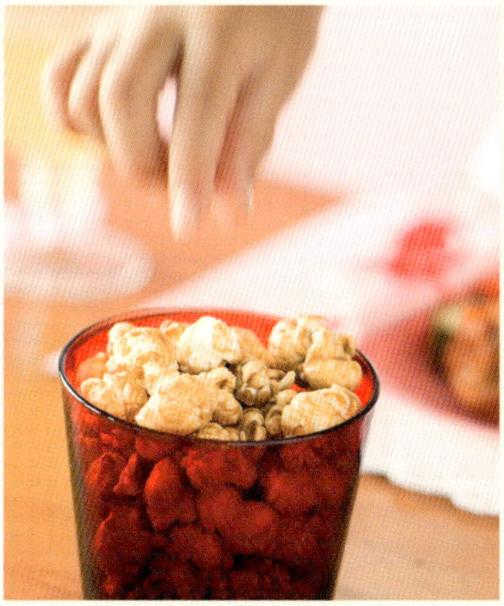

グラスに入れたお菓子も一緒に並べて

お菓子は平皿にのせて出すのではなく、高さのあるグラスに入れて出すとテーブル上に高低差が生まれ、おしゃれに見えます。おうちにあるシンプルなグラスを使えばOK。

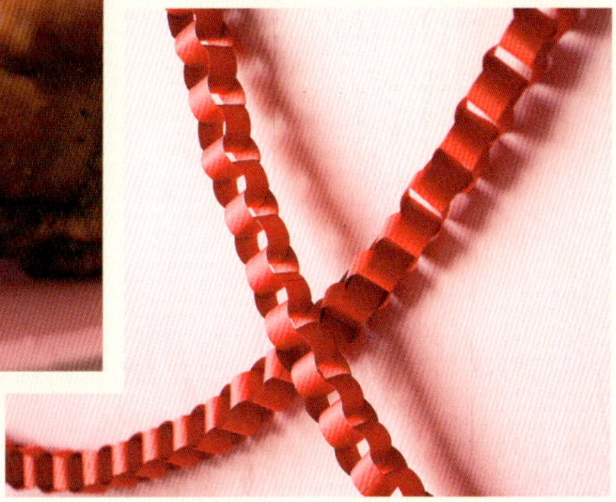

07 輪飾りの壁飾り

幼稚園で作り方を習う、慣れ親しんだ輪飾りもお誕生会に登場させてあげましょう。色を統一して作れば、こんなにおしゃれに。

作り方はp.14～15参照

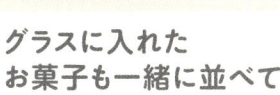

chapter 1

はじめてのお誕生会 〜女の子編〜

(p.12〜13)の開き方

04 女の子用ランチョンマットの作り方

□ 材料
ピンクのA4サイズの画用紙
ケーキ用レースペーパー
セロハンテープ

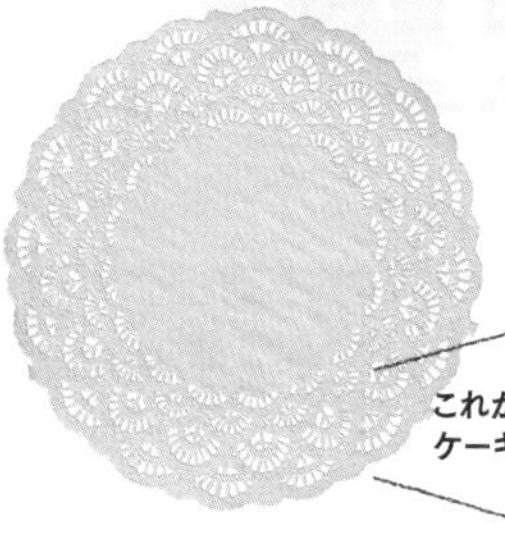

これがケーキ用レースペーパー

100円ショップで購入可能。レースペーパー（20枚）105円／ザ・ダイソー

1 レースペーパーの裏・中央に、セロハンテープを丸めて貼る。

2 1を画用紙の中央に置き、貼る。

04 女の子用カトラリーの作り方

□ 材料
ペーパーナプキン
　（たたんだ状態で12.5cm四方のもの）
木製フォーク
カールリボン
はさみ

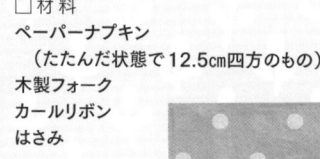

point
さまざまな大きさが揃うペーパーナプキン。子ども用カトラリーを包むには、たたんだ状態で12.5cm四方のものがちょうどいい。

1 ペーパーナプキンの端に、フォークをのせる。

2 そのままフォークとペーパーナプキンを一緒にくるくる転がし、巻きつける。

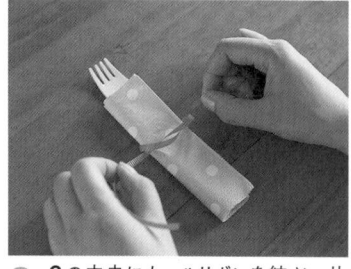

3 2の中央にカールリボンを結ぶ。片結びでもちょうちょ結びでもいい。

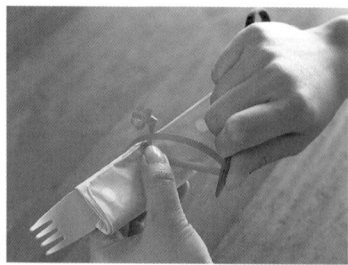

4 はさみでリボンをしごき、カールさせる。

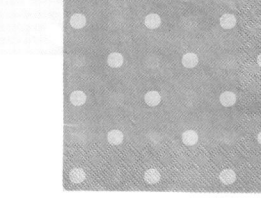

これがカールリボン

はさみでしごくと、くるりとカールするリボン。大型雑貨店で購入可能。100円ショップではもっと少量のものも買える。

05 リボンつきグラスの作り方

□材料
プラスチック製ワイングラス
リボン

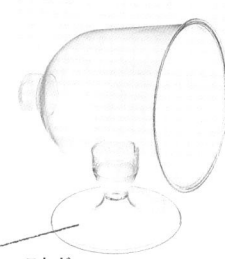

これが
プラスチック製ワイングラス

カップと足の部分が取り外しできる。大型雑貨店や輸入食材を扱うスーパーマーケットで購入できる。

↓

組み立てる前に、足の部分にリボンをちょうちょ結びにしておく。グラスを組み立てて、完成。

06 型抜きサンドの作り方

□材料
サンドイッチ用パン4枚
ジャム
セルクル
ロングピック

これが
セルクル

耐熱素材でできている抜き型のこと。お誕生会用には、直径5cmのものが食べやすい大きさに抜いていい。

1 パンにジャムを塗り、ジャムサンドイッチを4つ作る。1つのサンドイッチにつき2個、セルクル型で抜く。

2 セルクルで型抜きしたサンドイッチを4つ重ね、ピックでとめる。
※サンドイッチは2種類作り、交互に重ねてもいい。

07 輪飾りの壁飾りの作り方

□材料
赤のB4サイズの
　画用紙
5mm幅の両面テープ
はさみ
定規
ペン

1 画用紙を縦半分に折る。

2 折り目をペンでなぞる。折り目と直角に、3cm幅の線を引いていく。

3 折り目をつけた中央と下の直線のふちに沿って、両面テープを貼る。

point
輪飾りを作るのに、一つ一つのりで貼るのは大変。両面テープを使えば時間短縮に。

4 中央に貼ったテープを残して、はさみで2等分する。

5 ペンで書いた線に沿って一つ一つはさみで切り、短冊状の紙を作る。

6 5の紙の両面テープの保護シートをはがし、輪を作る。もう1つ5を通し、つなげてくさり状にしていく。

はじめてのお誕生会
～男の子編～

男の子のお誕生会は、青を基調に緑と黄色を差し色に使ってさわやかにまとめます。画用紙を型抜きしたり、おにぎりの上にたこさんウインナーをのせたり……女の子のお誕生会よりも元気な要素を取り入れることで、にぎやかな雰囲気に仕上げましょう。

chapter 1

08 パンチング ランチョンマット

ちょっとしたインパクトのあるランチョンマットですが、星形のパンチで画用紙に穴をあけただけ。このひと手間が、かわいさの秘密。

09 サイコロおにぎり

お誕生会のときは、おにぎりも形を変え、軽くデコレーションして楽しんで。四角く握って、たこさんウインナーをのせます。

10 プラスチックカップ ジュース

倒れても中身がこぼれにくい、ふたつきプラスチックカップはお誕生会にあると便利。ママも安心して飲ませられます。

11 バナー

お誕生会のバナーとは、旗つきの帯状壁飾りのこと。パーティの雰囲気が盛り上がる、飾りアイテムです。画用紙とリボンで作ってみましょう。

chapter 1

はじめてのお誕生会 〜男の子編〜

(p.16〜17)の開き方

08 パンチングランチョンマットの作り方

□ 材料
緑のA4サイズの画用紙
好きな形のパンチ

これがパンチ

紙にかわいい形の穴をあける道具。文具店や100円ショップで購入できる。星形のほかに、ハートやくまの形などもある。

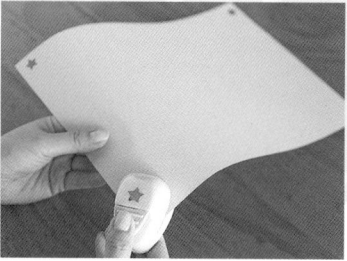

1 画用紙の四隅をパンチで穴あけする。

2 四隅の穴をそれぞれつなぐように、画用紙の外枠に沿ってパンチで穴をあける。

09 サイコロおにぎりの作り方

□ 材料と作り方
ふりかけを混ぜたご飯で四角いおにぎりを作って皿の中央に置き、たこ形ウインナーをのせる。ゆでたブロッコリーやプチトマトをまわりに飾る。

point 1

ウインナーはたこ形に
ウインナーの真ん中くらいから十字に切り込みを入れて炒めると、皮が縮み、たこ形になる。

point 2

サイコロ形に握る
おにぎりは、たこ形ウインナーをのせやすいよう、成形しながら四角に握る。

❿ プラスチックカップジュースの作り方

□ 材料
ふたつきプラスチックカップ
ストロー
シール

プラスチックカップ全体に、シールをまんべんなく貼る。ジュースを入れてふたをし、ストローをさす。

ふたつきプラスチックカップはここで買える
大型雑貨店や業務用の梱包材屋などで購入可能。

シールは薄手でラメのあるものを選んで
シールは薄手のほうがはがれにくいのでおすすめ。また、ラメが入っているとシンプルなプラスチックカップに映え、テーブルに置いたとき華やかになる。

⓫ バナーの作り方

□ 材料
1〜3色のB4サイズの画用紙
1cm幅の両面テープ
リボン（細いもの）
定規
ペン
はさみ

 バナーに使う色は3色まで
バランスのいい多色使いは難しいので、1〜2色、せいぜい3色までに色をおさえて作るのが、おしゃれなバナーを作るコツ。輪飾りを作るときも同様のルールなので、覚えておくと便利。

1 14×14×9cmの二等辺三角形を画用紙に1枚描き、切り取る。これを型紙にして、画用紙に型を取っていく。

2 はさみで切り取る。

3 二等辺三角形の底辺の部分に両面テープを貼る。

4 両面テープを貼った幅に合わせて底辺を内側に折り込む。

5 左右のはみ出した部分を、はさみで切る。

6 折り込んだ部分にリボンをはさみ、両面テープの保護シートをはがし、リボンに貼りつけていく。

column #1

手作りお誕生会グッズで、盛り上がろう！

パーティハットや天井を彩るフラワーボール。お祭り気分を盛り上げてくれる小物を加えると、パーティらしさがぐーんとアップ。お誕生会を開くことに慣れてきたり、準備に余裕があれば、ぜひ作ってみてください。

フラワーボール

パーティハット

パーティハットは、雑貨店やバラエティショップで売られています。でも自分で作れば、お誕生会のテーマに合わせたり、好きな色や模様のものができます。

パーティハット の作り方

□ 材料
A4サイズの厚紙の光沢紙
（「LKカラー」という紙が適しているが、なければ画用紙でも可）
細いゴムひも、ペン、はさみ、カッター
あればカッティングシート

78ページの型紙をチェック

1 78ページの型紙を135％にコピーし、厚紙にペンで型を取る。

2 はさみで切り取る。

3 カッターで差し込み線とゴムひもを通す穴（2つ）に、切り込みを入れる。

4 丸めて、飛び出した部分を差し込み線に入れて帽子の形にする。

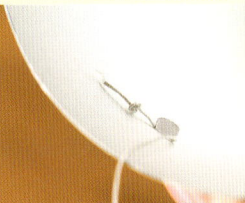

5 ゴムひもの両端を玉結びにし、2つの通し穴に内側から入れ、結んだ部分を引っかけてとめる。

幼稚園や学校の行事でよく使う、花紙（薄紙）で作られた"花飾り"。これを4つくくり合わせてボール形にします。天井から吊るせば、すてきなデコレーションに。

フラワーボール の作り方

□ 材料
フラワーペーパー
リボン（細いもの）
はさみ

1 フラワーペーパーの両端を、丸く切り取る。こうすると開いたときに花弁が丸く、やさしい形になる。

2 フラワーペーパーを開き、一枚一枚はがして花の形にしていく。これを4つ作る。

これがフラワーペーパー

1つずつ手作りする必要なし。100円ショップで購入できる。フラワーペーパー（14束入り）105円／ザ・ダイソー

3 2のフラワーペーパーのうち1つの中央にリボンを通す。つづけてこのリボンに他のフラワーペーパーを通していく。

4 4つのフラワーペーパーをしっかりと結びつける。球形になるように形を整える。

essay #1

私が開いたはじめてのお誕生会の思い出

　私がママになってはじめて開いたお誕生会は、今から10年前のこと。長女2歳のお誕生会に、仲良し親子6組を招いて行いました。アニヴァーサリー・プランナーになる前の大切な思い出、私の原点です。

　女の子らしいお誕生会にしたかったので〝ピンク〟をテーマカラーに決め、飾りつけの材料を探しました。でも、当時は商品の取り扱いが今より少なく、〝Happy Birthday〟の壁飾りや紙テープ、ゴム風船を見つけるのが精一杯。あとはピンク色の布を買ってきて、ソファをくるんでカバー。でも、テーマカラーを決めたことで統一感と華やかさが生まれ、リビングがいつもとすっかり違う空間に。お誕生会当日の朝起きてきた娘もビックリしていました。

　ケーキもかわいくしたいけれど、日本で海外のような派手なデコレーションをしたケーキは手に入らない……それでも娘のために特別なケーキにしたくて、小さいシュークリームをピラミッド形に重ねたクロカンブッシュ風ケーキ（9ページ参照）を思いつきました。リボンやお花を一緒に飾ると、ママたちからも「かわいい！」「手で食べられて、子どもにピッタリ！」と大好評。

　子どもたちとの食事は、訪問先のカーペットや壁を汚さないかと、ママたちはドキドキして目を光らせています。そのドキドキを減らすのが、招く側の役目。子どもが手づかみできるロールサンドとママと取り分けて食べられるミートローフを用意しました。

　でも、はじめてだったのでお開きのタイミングがわからず、最後は順番にぐずり出し、泣き声の大合唱でさよならとなったのでした。

　娘を寝かしつけ、片づけをしていたら、ママたちから「ありがとう！」「楽しかった！」というメールが。お誕生会を開いたほうとしてとてもうれしくて、疲れも吹き飛んだのを覚えています。

chapter 2

第2章 お誕生会を盛り上げるグッズ＆演出

おうちで開くお誕生会のメイン会場は、リビングのテーブルです。出すお菓子や食べ物は、いつもと同じで構いませんが、盛りつけ方に少しだけ工夫を加えてみましょう。何もおもてなし用の特別なお皿を使う必要はありません。紙皿と紙コップで作った段トレイに盛りつけて高さを出したり、ハンバーガーもピックをさして飾ることで〝特別な日のテーブル〟に早変わりします。

chapter 2

定番メニューも、
ちょこっとおめかし

ジュースにおにぎり、ハンバーガー……子どもたちが大好きな定番メニューも、普段とは違うにぎやかな盛りつけにするだけで見た目が変わり、お誕生会のスペシャルメニューになります。小さなテーブルを、すてきに変身させましょう。

A

B

⑫ ストローマーカーで、華やかに

ストローにマーカーをさすだけで、こんなに見栄えがします。女の子はちょうちょ、男の子はボール形をどうぞ。

⑬ プラスチックカップは、デコレーションして

プラスチックカップもデコレーションして、テーブルのアクセントに。ママがデザインするオリジナルカップ作りに挑戦してみて。

14 お皿代わりに活躍。フェルトコースター

フェルトをピンキングばさみで好きな形に切って、お皿代わりに。ごく普通のお菓子やごはんを、ほっこりかわいく演出。

15 ピックをさせば、ごちそうに変身！

パーティで大活躍のピック。お誕生会にも利用しない手はありません。テープや包装紙で、自分だけのオリジナルピックを作って。

A

B

C

作り方はp.26〜27参照

chapter 2

飾りアイテム

（p.24〜25）の作り方

⑫ ストローマーカーの作り方

□材料
B4サイズの画用紙
ペン
はさみ
定規
カッター
ストロー
コップ

A. ちょうちょ形バージョン

1　79ページのちょうちょの型紙を原寸大にコピーし、画用紙に人数分の型を取る。

2　はさみで切り取る。

3　2のちょうちょの中央に、カッターで8㎜幅くらいの切り込み線を2本入れる。

4　切り込みにストローを通す。

B. ボール形バージョン

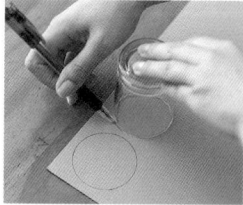
1　直径6㎝ほどのコップの口を型にして、画用紙に円形の型を取る。

2　はさみで切り取る。

3　円形の紙の中央に招いたお友だちの名前を書き、その上下にカッターで8㎜幅くらいの切り込み線を2本入れる。

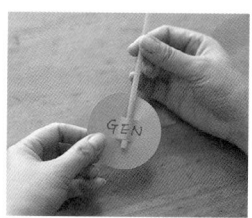
4　切り込みにストローを通す。

⑬ オリジナルプラスチックカップの作り方

● レースでデコレーション

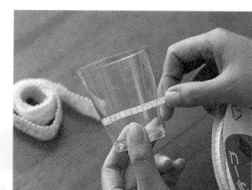
1　カップの外側に、両面テープを1周貼る。

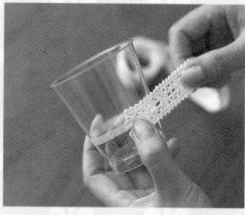
2　両面テープの保護シートをはがし、レースリボンを上からつける。余ったリボンははさみで切る。

□材料
プラスチックカップ
レースリボン
5㎜幅の両面テープ
はさみ

□材料
プラスチックカップ
包装紙、または英字新聞や雑誌の切り抜き

● ラッピングペーパーでデコレーション

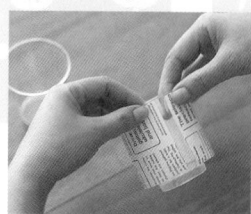
1　プラスチックカップを2個用意する。まず、コップの円周に合わせ包装紙を切るか、折る。

2　カップに1を入れ、その上からもう1つカップを重ねる。

⑭ フェルトコースターの作り方

これが
ピンキングばさみ

□ 材料
フェルト
ピンキングばさみ

ギザギザに切れるはさみのこと。文具用と布用があるが、切れ味が違うので、ここでは布用を使用して。

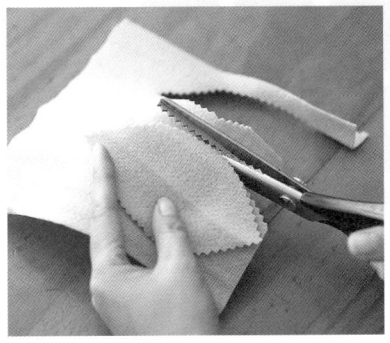

point

油染みが心配なコロッケやべたつくおにぎりは、オーブンシートを小さく切ったものを敷いてから置く。

多少いびつな形でも構わないので、フリーハンドで切っていく。1枚切ったらそれを型にして切ると、大きさが揃ってきれいに。

これが
太いマスキングテープ

粘着力が弱く、のりの跡がつかないので食器や家具にも貼れる。これは3cm幅の太いもの。文具店などで買える。

⑮ ピックの作り方

□ 材料
3cm幅のマスキングテープ
ようじ、または竹串
はさみ
ピンキングばさみ

A. マスキングテープ編

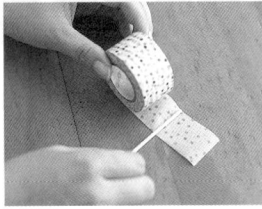

1 マスキングテープを引き出し、3cmくらいのところにようじを置く。

2 内側に折って旗状にし、はさみで切り取る。

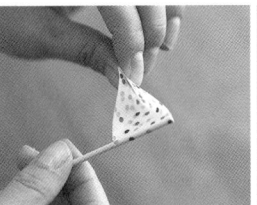

3 先端を軽く半分に折る。折り目を目安に、はさみで三角形に切り取る。

※切り取らず、四角い形の旗のまま使ってもいい。

作り方2から
アレンジ

B. ギザギザ旗のピック

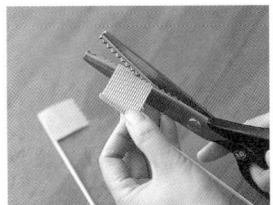

3' ピンキングばさみで先を切るだけで、違う印象の旗になる。

C. ラッピングペーパー編

□ 材料
ラッピングペーパー
5mm幅の両面テープ
ようじ、または竹串

1 ラッピングペーパーを縦3cm×横8cmの長方形に切り、長いほうの両辺に両面テープを貼る。

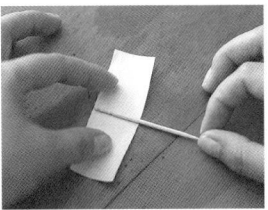

2 軽く半分に折り、両面テープの保護シートをはがす。折り目がついた中央にようじを置く。

3 もう一度半分に折り、旗状になるようくっつける。

chapter 2

手作り段トレイで、パーティ感アップ！

テーブルにお皿を並べるだけでは、テーブルの上は平坦になりがち。高さのあるトレイを置くことで高低差が出て、見栄えもぐっと上がります。とはいえ普段はあまり使わないトレイ……買うのはもったいないので、紙皿と紙コップで手作りしてしまいましょう。

16

1段トレイで、テーブルが華やかに

1段トレイにはごちゃごちゃ盛らず、お菓子を1種類のせるときれいにおさまります。ピラミッド形に盛ると、パーティらしく。

17
2段トレイは足つきにして、高さを出して

ただ2段にするのではなく、足つきにすることでおしゃれに見えます。バランスがあまりよくないので、のせるお菓子は軽いものを。

18
流行の3段トレイも、手作りできる

あるだけで、子どもたちがわくわくするような3段トレイもこのとおり。いちばん上にはコップをのせて、さらに高さを出します。

作り方はp.30〜31参照

段トレイ (p.28〜29)の作り方

⓰ 1段トレイの作り方

□ 材料
直径23cmの紙皿1枚
紙コップ1個
5mm幅の両面テープ

色を合わせれば、紙皿と紙コップの柄が違ってもかわいく見える。

1　紙コップの底に、4ヵ所ほど両面テープをつける。

2　両面テープの保護シートをはがし、紙皿の裏・中央に貼りつける。

⓱ 2段トレイの作り方

□ 材料
26cm四方の紙皿1枚
18cm四方の紙皿1枚
直径5cm×高さ5cmの
　ミニプラスチックカップ8個
5mm幅の両面テープ

四角い紙皿はIKEAで購入したもの。もちろん大小の大きさの違う丸い紙皿で作ってもいい。

1　プラスチックカップ4個は、飲み口と底に両面テープを貼り、残り4個は底にだけ両面テープを貼る。

2　まず大きい紙皿の裏の角に、底だけ両面テープを貼ったコップを保護シートをはがして貼る。

3　小さい紙皿の裏の角に、飲み口と底に両面テープを貼ったカップの底側を保護シートをはがして貼る。

4　3の飲み口側の保護シートをはがし、大きい紙皿の表に重ねて貼る。

⑱ 3段トレイ の作り方

□ 材料
直径20cm（大）・直径17.5cm（中）・
直径15cm（小）の紙皿各1枚
紙コップ2個
5mm幅の両面テープ

大小2枚の紙皿は、色を揃えて統一感を出して。最近では、かわいい柄の紙コップもスーパーマーケットなどで手に入る。

1 紙コップの飲み口と底に両面テープを貼る。

2 いちばん下になる大きい紙皿の表・中央に、1の紙コップ1個を飲み口側の保護シートをはがして貼る。

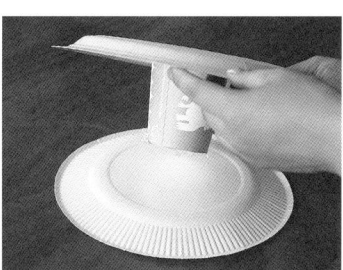

3 2の紙コップの底側の保護シートをはがし、中サイズの紙皿の裏・中央に貼る。

4 中サイズの紙皿の表・中央に、残りの紙コップを飲み口側の保護シートをはがして貼る。

5 4の紙コップの底側の保護シートをはがし、いちばん上・中央に、小サイズの紙皿をのせる。

point

5mm幅の両面テープがおすすめ

紙コップの細いふちに使うため、両面テープも5mm幅の細いものが使いやすい。

chapter 2

アクリルボードを活用しよう！

ホームセンターで買えるアクリルボードもお皿代わりに使います。透明だから手持ちの食器とも合わせやすく、紙皿と違い、水けのあるフルーツ、湿気のあるおにぎりやケーキなどものせられます。ガラスと違って割れる心配がないのも安心。

**フルーツものせられる！
A4ボード**

アクリルの透明度を利用して、下にかわいい柄や色の紙を敷けば四角いお皿のでき上がり。紙を替えるだけで、アレンジがききます。

⑳ A4ボードの2枚使いなら、ケーキも映える

シンプルなアクリルボードだからこそ、2段にしても目にうるさくなく、デコレーションしたカップケーキをのせても様になります。

㉑ コーディネートしやすい、正方形ボード

正方形はバランスがいい形なので、初心者でも食材をきれいに並べやすいのが特徴。テーブルの上に置いてもしっくりおさまります。

作り方はp.34〜35参照

chapter 2

アクリルボード盛り （p.32〜33）の作り方

アクリルボードの選び方

基本編・A4サイズ

子ども4〜6人分の料理がのるサイズ

ホームセンターで取り扱いのあるサイズなので、入手しやすい。1枚約800円で購入できる。使わないときは食器棚の隅などに立てかけておけば、邪魔にならない。

ステップアップ編・正方形タイプ

直径25cmのホールケーキがぴったりおさまる

29.7cm四方の正方形。このサイズの取り扱いは、大型雑貨店にある。ホームセンターの中には、この大きさにカットしてくれるところも。

⑲ A4ボードの1枚使いの作り方

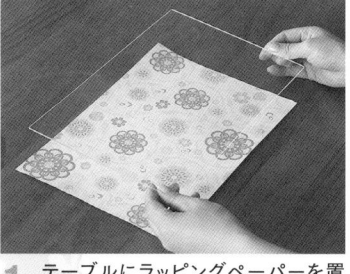

1　テーブルにラッピングペーパーを置き、上にアクリルボードをのせる。

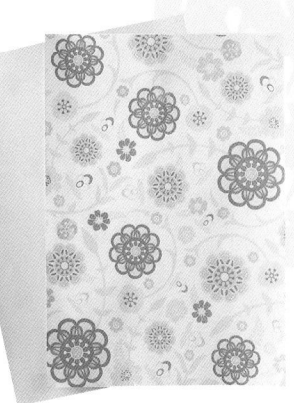

＋αで用意するもの

下に敷く紙は、ラッピングペーパーをA4サイズに切るか、好きな柄の布をA4サイズにコピーする。もちろん好きな色のA4サイズの画用紙でもいい。

2　フルーツを上にのせる。小さい食材なら3列、大きめなら2列に並べるときれいにおさまる。

⑳ A4ボードの2枚使いの作り方

＋αで用意するもの

大型雑貨店などで売られている直径6cm×高さ8cmの円筒形で、かたさのあるクリアカップを2個用意。ない場合は、おうちにある柄のない白い湯飲み茶碗などでOK。円筒形の湯飲み茶碗は、高さがあるのでバランスもいい。

1 クリアカップ2個にマシュマロなどを入れ、アクリルボード1枚の中央に置く。まわりにカップケーキを並べる。

2 もう1枚のアクリルボードの上にカップケーキを2列に並べ、1の上にのせる。

㉑ 正方形ボードの作り方

人工芝生の上に、正方形アクリルボードをのせるだけ。人工芝生とアクリルボードの大きさが多少違っても構わない。

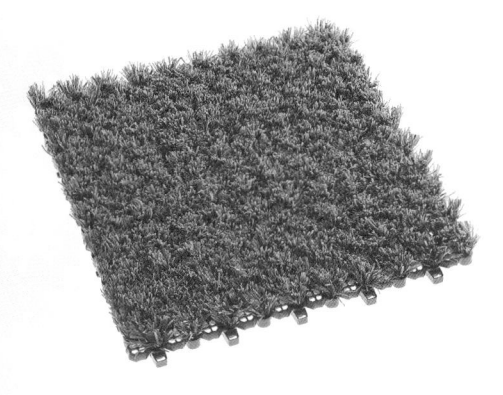

＋αで用意するもの

人工芝生を用意。人工芝生は、ホームセンターで1枚450円ほどで手に入る。

column #2

型抜きフードで、
テーブルの上をもっとかわいく♪

いつも食べている何気ない食べ物も、クッキー型で型抜きするだけで見た目が変わり、パーティフードに大変身！ 食パンやホットケーキなら汚れる心配もなく、子どもたち自身に型抜きさせても喜びます。型抜きフード、ぜひ取り入れてみませんか。

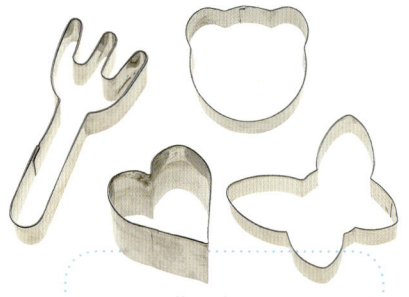

食パンも
いろんな形に型抜きして

食パンをそれぞれの型で抜いたあとオーブントースターに並べ、約2分焼く。お皿や紙ナプキンの上に並べ、ジャムのほか、卵マヨネーズやツナマヨなどを用意し、パンにのせて食べる。型抜きは5種類くらい用意するとバリエーション豊かに見える。

ハートや花の型はスーパーマーケットの製菓道具売り場や100円ショップで買える。フォークやちょうちょの型は、輸入雑貨店で見つけることができる。

ホットケーキも
おもてなし仕様に

自分で焼いたホットケーキでも、市販の冷凍ホットケーキを使ってもいい。大小大きさの違う星形のクッキー型を用意。大、小2枚ずつ型抜きして、大2枚を重ね、その上に小2枚を重ねる。星の突起部分が重ならないよう交互にのせ、ピックでとめる。

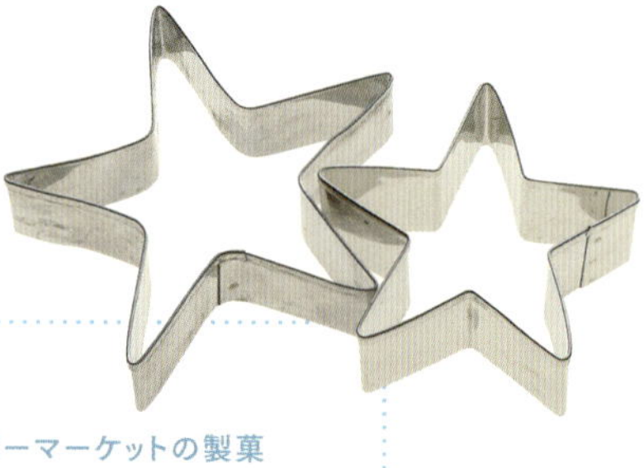

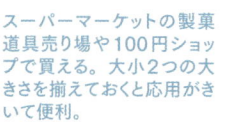

スーパーマーケットの製菓道具売り場や100円ショップで買える。大小2つの大きさを揃えておくと応用がきいて便利。

フルーツも、こんなにおしゃれに！

キウイを輪切りにし、花型で抜く。その上に輪切りにしたいちご、ブルーベリーをのせる。キウイのほか、時間が経っても変色しないメロンやすいかが型抜きしやすい。上にのせるフルーツは、輪切りにしたバナナ、カットしたパイナップル、ベリー類が色もよくおすすめ。

> 花型は種類も多く、入手しやすい。ハムなども型抜きしてサラダに使うと、お誕生会仕様になる。

小わざが光る、用途に合った型抜き

食パンをスプーン型で抜き、オーブントースターに並べ、約1分半焼く。スープを入れた小さめのカップの上にのせて完成。おうちのマグカップなどにスープを入れてもOK。そのときは紙ナプキンを1枚敷いてサーブすると特別感が備わっていい。

> スプーン型はちょっとめずらしいタイプ。輸入雑貨店で見つけて購入。

essay #2

お誕生会を開くと決まったら！
〜当日までのスケジュール〜

お誕生会当日までの流れをチェックリストにしてみました。あくまでも一例ですが、全体の流れを事前に把握しておくことで、無理なく準備も進められますよ。

3〜2週間前
- [ ] 招待するお友だちを決める。呼ぶ人数は、主役のお子さんの年齢プラス1人を目安に。
- [ ] パーティの日時を決める。呼びたいお友だちのママにあらかじめメールや電話でご都合をお尋ねする。
- [ ] 子どもの好きな色やキャラクターなどから、テーマを決める。

2〜1週間前
- [ ] ケーキ以外のパーティのメニューを考える。子どもが食べ慣れたメニューで、メイン1品、サイド2品を目安に。
- [ ] ケーキ屋さんに頼む場合は、バースデーケーキの手配を。作る場合はデザインを考え始め、材料を書き出す。
- [ ] 部屋の飾りつけに必要な材料（風船やバナー、画用紙やセロハンテープなど）を準備する。

6〜2日前
- [ ] 輪飾りやバナー、パーティハット、ランチョンマットなどが必要な場合は、作り始める。

前日
- [ ] 部屋の飾りつけを始める。事前に作ったバナーや輪飾りを壁に貼り、風船に空気を入れ、テーブルの配置を変える場合も、前日に済ませておく。
- [ ] 作りおきが可能な料理（コロッケのたね、ハンバーガーのパテなど）は、準備する。

当日
- [ ] ケーキを注文した場合は、取りに行く。デコレーションをする場合は、食べ物と一緒に仕上げる。
- [ ] 食べ物を仕上げ、テーブルにクロス、お皿、カップ、カトラリーを並べる。
- [ ] 子どもの身支度を整えて。パーティの主役として、おしゃれをしてお客様をお出迎えする準備を。あらかじめ決めておいたテーマに合わせた衣裳もパーティの雰囲気を盛り上げる。

〜お誕生会が始まったら〜

● **お出迎え**
いらっしゃるお客様を笑顔でお出迎え。プレゼントをいただいたら、テーブルから見えるところに飾っておく。
↓
● **全員で記念撮影**
飾りつけやお料理が一緒に写るように。
↓
● **食事**
食べ物や飲み物をこぼしてしまったときのために、タオルなどの用意を忘れずに。
↓
● **ケーキタイム**
バースデーソングを歌い、キャンドルを吹き消す。
プレゼントをいただいた場合は、このあと、一つ一つあけていき、その間にケーキをカットし、全員に配る。
↓
● **終わり**
お開きの時間は、あらかじめお知らせしておくとよい。玄関までお見送りし、主役の子どもから（小さい場合はママが）ゲストに「今日は来てくれてありがとう」と一人一人に感謝の気持ちを伝える。

大切なのは、ママも一緒に楽しむ気持ち。ときにはお誕生会の最中に泣いたり、けんかをしたりすることもあります。でも、どんなときも笑顔とユーモアを忘れずに！

chapter 3

第3章 子どもが喜ぶ かわいいケーキ＆フード

お誕生会の日、子どもたちが何より楽しみにしているのがテーブルの上を彩るケーキやごはん！　とはいえ、いきなりはじめて作るものや難しいものに挑戦するのは、失敗のもと。普段から作り慣れているものをお誕生会用にアレンジしたり、市販のものを上手に利用して、できる限り工程を少なくしましょう。〝らくしてかわいいごはん作り〟をテーマに、ママ自身も楽しみながら作ることが成功の秘訣です。

chapter 3

22 シンプル&大人っぽく

白いマシュマロだけで飾れば、シンプルな仕上がりに。大人っぽいものに惹かれ始める小学校高学年に好評なデコレーション。

簡単！
マシュマロケーキを主役に

お誕生会のテーブルに欠かせないケーキ。ケーキ屋さんで買うのは簡単ですが、ママが手作りしたら子どもにとっても家族にとっても忘れられないケーキになるはずです。市販のスポンジと生クリーム、マシュマロだけで作る〝世界に一つのケーキ〟を紹介します。

23

ポップに楽しみたいなら

色とりどりのカラーマシュマロで、にぎやかに飾って。かわいいものが大好きな2〜3歳から小学校低学年に人気です。

中に、生クリームとフルーツをはさんでも♪

作り方はp.42〜43参照

chapter 3

マシュマロケーキ (p.40〜41)の作り方

マシュマロの選び方

小さめサイズが、ケーキに貼りやすい

普通サイズ（左）のマシュマロだと大きいため、ケーキに貼っても落ちてきてしまう。小さめサイズ（右下）だときちんとケーキに貼れる。

原寸大

ゴムべらはNG

生クリームを塗るときはディナーナイフで

ゴムべらはムラができ、きれいに塗れない。家庭にあるディナーナイフが便利。

㉒ ホワイトマシュマロケーキの作り方

□材料
市販のスポンジケーキ（直径15cm）1台
泡立てた生クリーム200g分
ホワイトプチマシュマロ（150g入り）1袋

1 ディナーナイフなどでスポンジケーキの表面に生クリームを塗る。

point

ナイフは同方向に動かして、生クリームを塗る

生クリームを塗るとき、常に同方向に動かして塗るとクリームの量と流れが整い、きれいに仕上がる。

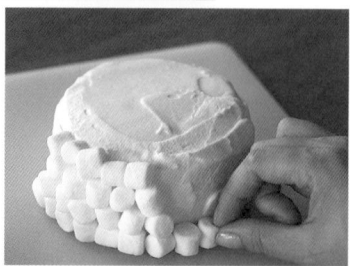

2 ケーキの側面に、下から上に向かってマシュマロを貼っていく。

㉓ カラーマシュマロケーキ の作り方

□ 材料
市販のスポンジケーキ（直径15cm）1台
泡立てた生クリーム200g分
いちご1パック
カラープチマシュマロ（150g入り）1袋

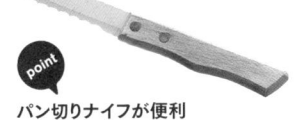

point パン切りナイフが便利
スポンジケーキを切る際、パン切りナイフがあるときれいに切れる。

1 円形のスポンジケーキを正方形になるよう、余分な部分を切り落とす。

2 2層になっているスポンジをそれぞれ厚さを2等分にし、4層にする。

3 2のうちの1枚に生クリームを塗り、3等分にスライスしたいちごの⅓量を並べ、その上にスポンジを1枚重ねる。これを繰り返し、ショートケーキを作る。

4 表面に生クリームを塗る。側面は、ナイフを縦に持ち、同方向に動かして生クリームの量と流れを整える。

5 上面はナイフを横に持ち、同方向に動かして生クリームの量と流れを整える。

6 側面の下から上に向かって、マシュマロを貼っていく。

chapter 3

お一人様ケーキなら、子どもたちも大満足♪

子どもは「一人1個!」の特別感が大好き。ケーキとなったら、そのうれしさは格別です。それにお一人様サイズのケーキなら、ホールケーキのときに起こりがちな「切り分けの大きさ問題」もありません。目にも大満足なミニデコレーションケーキ、作ってみませんか。

25 子ども用にアレンジ！カステラトライフル

イギリスの伝統菓子のトライフルも、洋酒につけたりする難しいプロセスはなし。簡単＆子ども用にアレンジして、グラスデザートに。

24 おしゃれなキューブケーキも、カステラを使って簡単に

見た目に新鮮な四角いケーキもカステラを使えば、簡単に作れます。シンプルにデコレーションして、大人っぽく仕上げて。

26 重ねただけでこんなにかわいい！パンケーキタワー

ミニパンケーキを生クリームと層にして重ねただけ。高さを出すと見た目の印象が変わり、立派なケーキに変身。

**㉗ カップケーキは、
デコレーションして楽しんで**

地味なカップケーキは、生クリームと市販のお菓子でデコレーション
すればお誕生会に使えます。子どもたちに飾らせても楽しい！

作り方はp.46〜47参照

chapter 3

お一人様ケーキ （p.44〜45）の作り方

❷❹ キューブケーキ の作り方

□ 材料
市販のカステラ（スライス）2枚
泡立てた生クリーム適量
トッピングシュガー適量

1 カステラを2枚重ねる。間に生クリームを塗ったり、スライスしたいちごをはさんでもいい。

2 ディナーナイフで全体に生クリームを塗る。ナイフは同方向に動かし、クリームの量と流れを整える。

3 トッピングシュガーを全体に貼る。写真と同じ形のトッピングシュガーでなくてもいい。

これがトッピングシュガー

アメリカのデコレーション専門の製菓材料会社「ウィルトン」の「ジャンボコンフェッティスプリンクル」を使用。「nut2deco」で購入可能。

❷❺ カステラトライフル の作り方

□ 材料
市販のカステラ（スライス）½枚、市販のミニシュークリーム1個、泡立てた生クリーム適量、りんご・キウイ・いちご・マスカット・ブルーベリー各適量

1 カステラを子どもの一口大に切り、グラスの底に4〜5個入れる。

2 生クリームを適量絞り、ブルーベリーをのせる。そのほかのフルーツも適宜盛りつけていく。

3 竹串で作ったピックにマスカットとミニシュークリームをさし、**2**のグラスに立てる。※ピックの作り方は27ページに。

46

ミニパンケーキは直径5cmの大きさのものを

市販品は有名スーパーなどで購入可能。厚みは増すが、冷凍ホットケーキをセルクル（15ページ参照）で型抜きして使っても。

㉖ パンケーキタワーの作り方

□ 材料
市販のミニパンケーキ5枚
泡立てた生クリーム適量
いちご・ブルーベリー各1個

※市販のミニパンケーキが手に入らない場合、たね（ホットケーキミックス200g、卵1個、牛乳180cc）を大さじ1ずつ焼けば、約25枚(5人分)のミニパンケーキが作れます。

1 パンケーキに生クリームを適量絞り、もう1枚パンケーキを重ねる。これを繰り返して全部で5枚重ねる。

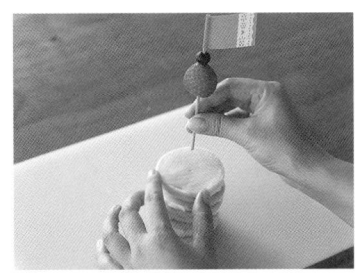

2 竹串で作ったピックにブルーベリーといちごをさし、1の中央にさす。
※ピックの作り方は27ページに。

㉗ デコレーションカップケーキの作り方

□ 材料
市販のカップケーキ6個
泡立てた生クリーム200g分
トッピングデコレーション材料各種 適量

1 クリームがたれないよう、カップケーキの"山"の部分は包丁で切り取り、平らにする。

2 1の上に生クリームを絞る。夏は溶けやすいので、やわらかく練ったクリームチーズで代用しても。

3 生クリームの上に、ゼリービーンズや金平糖などをのせて自由に飾る。

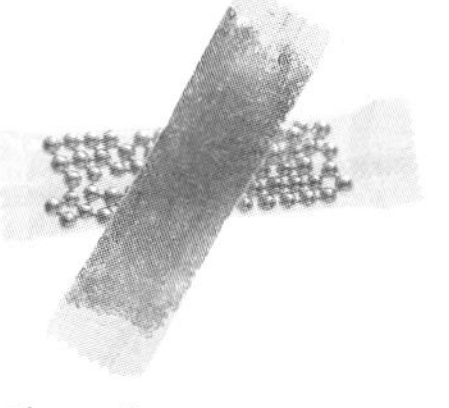

アイシングクッキー

トッピングシュガー

いろんなもので、飾ってみよう！

ケーキ用のトッピングシュガーやアラザン、砂糖でコーティングされた一粒大のチョコレート、卵白と粉糖でアイシングされたクッキーなどが、デコレーション材料として使える。

chapter 3

人気メニューは、ミニサイズに

子どもたちが大好きなメニューは、小さいサイズにすることで食べやすさはもちろん、手に取りやすくなります。また、大人のおもてなしでもひと口サイズの食べ物が並ぶと目先が変わり、パーティらしくなるのと同じで、お誕生会のテーブルでもいい演出になります。

28 子どもが食べやすく！キッズバーガー

ハンバーガーも、子どもが自分の手で持って食べられる小さめサイズのバンズ（ハンバーガー用の丸形パン）で作りましょう。

29 手でつかめる大きさがベストのボールコロッケ

から揚げに次いで人気の揚げ物・コロッケも、子どもの手でつかめる大きさに。見た目もコロコロとかわいくするのがポイント。

30 サンドイッチも オードブルみたいに

ロールサンドにすれば、小さい子でもこぼすことなく食べられます。野菜も合わせて、栄養バランスを考えた1品に。

31 スパムむすびは、型抜きしてかわいく

セルクルで、ケーキみたいに丸く型抜きすればおむすびもおしゃれになります。ピックもさして、パーティらしさを出して。

32 のりの代わりにきゅうりで巻いたひと口軍艦

薄切りきゅうりで巻けば、のりよりも噛み切りやすくなり、入園前の子どもでもちゃんと食べられます。

作り方はp.50〜51参照

chapter 3

ミニサイズフード （p.48〜49）の作り方

28 キッズバーガーの作り方

□ 材料
直径約6cmのハンバーガーバンズ・冷凍ミニハンバーグ各1個、レタス½枚、ケチャップ・マヨネーズ各適量、ピック1本

1 ハンバーガーバンズを横半分に切る。

2 下のバンズにマヨネーズ、ハンバーグ、ケチャップ、レタスの順にのせる。

3 上にバンズをかぶせ、ピックをさす。

これが便利!
マヨネーズやケチャップは、先が細い容器に詰め替えれば一度に大量に出ない。100円ショップや雑貨店で買える。

← 直径9cm →　← 直径6cm →

小さいバンズがない場合は、マフィンで代用
小さいバンズがないときや年長さんから小学生のお誕生会のときは、少し大きいマフィンパンで作るといい。

29 ボールコロッケの作り方

□ 材料（8個分）
じゃがいも200g、玉ねぎ½個、豚ひき肉50g、塩・こしょう各少々、卵液（卵1個、小麦粉・水各大さじ1）、小麦粉・パン粉・揚げ油各適量、ケチャップ少々、マフィン用ペーパーカップ16個

□ ボールコロッケの作り方

1 じゃがいもはきれいに洗ってラップに包み、電子レンジ（500W）に8分かける。熱いうちに皮をむき、つぶす。

2 玉ねぎはみじん切りにし、サラダ油（分量外）で炒める。透き通ってきたら豚ひき肉を加え、さらに炒める。

3 1と2を混ぜ、塩、こしょうで味を調える。8等分して丸形（直径5cmくらい）にする。

4 3に小麦粉をつけ、卵液をからめ、パン粉をつける。

5 170度に熱した油で、色よく揚げる。

6 マフィン用ペーパーカップは、よれや油染みを防ぐため2個重ねて使用する。

7 揚げたボールコロッケの粗熱がとれたら、6のカップに入れ、上にケチャップを絞る。

無地のものから、柄ものまで揃う
マフィン用ペーパーカップは、色のバリエーションも多く、柄もさまざま。製菓材料売り場や輸入雑貨店で購入できる。

30 ロールサンドの作り方

□ 材料（4個で1人分）
サンドイッチ用パン⅓枚、いちごジャム・ハム各適量、ミニトマト2個、キャンディチーズ2個、きゅうり½本、ピック4本

1. サンドイッチ用パンの端1cmほどをそぎ切りにする。こうすることであとで巻きやすくなる。

2. ラップの上に1を置き、ジャムを塗り、ラップごと端から巻いていく。ハムをのせたものも同様に作る。

3. 巻き終わったら、ラップの両端をねじってとめる。そのまま5分ほどおき、形を安定させる。

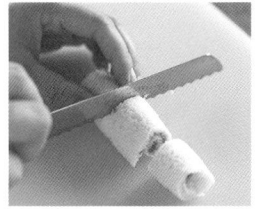

4. ラップをはずし、約3等分になるようにパン切りナイフで切る。

5. ピックに4、ミニトマトまたはキャンディチーズ、輪切りにしたきゅうりの順でさす。

高さを出すため、長めのピックを使用
輸入雑貨店などで購入できるが、ない場合は27ページの竹串ピックの先を8cmほど折って使って。

31 スパムむすびの作り方

□ 材料
市販ののりたまごふりかけを混ぜたご飯大さじ2、スパム（7mm厚さのスライス）1枚、うずらの卵（水煮）½個、ピック1本、セルクル

1. スライスしたスパムを、セルクルで型抜きする。

2. セルクルの底から高さ⅔くらいまで、ふりかけを混ぜたご飯をスプーンで詰める。

3. スプーンで2を押し出し、上に1と横半分に切ったうずらの卵をのせ、ピックをさす。

これがセルクル 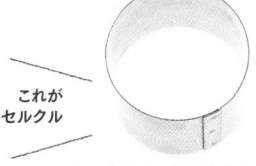
ケーキやタルトを作るときに使う、底のない型のこと。直径5cmのセルクルを使用。

子どもたちに大人気の「スパム」
味をつけたひき肉を固めて缶詰にしたハムに似た加工食品。スーパーマーケットなどで買える。

32 ひと口軍艦の作り方

□ 材料（6個分）
酢めしご飯茶碗2杯分、きゅうり1本、ツナマヨコーン｛ツナ缶80g、ホールコーン（缶詰）大さじ6、マヨネーズ大さじ2、塩・こしょう各少々｝

1. きゅうりはピーラーで縦に薄く切る。

2. 酢めしで直径4cmほどの俵形おむすびを作る。手がべたつかないよう、ラップを使うと便利。

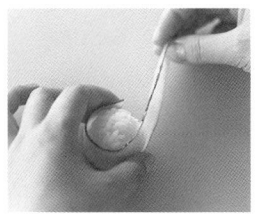

3. 2の外側を1で巻く。最後の部分は、軽く水をつけてとめる。

4. いちばん上にツナマヨコーンを適量のせる。

chapter 3

クリアカップを
使えば華やかに！

ときにはクリアカップにサラダやパスタを入れた、おしゃれなカフェのごはんみたいな大人っぽい盛りつけも、きちんと感が出て子どもはうれしいもの。カップのサイズを子どもの手で持てる大きさにすると、中に入る食事量が自然と"食べきりサイズ"になりますよ。

33
層にするだけで
華やかに！　2色サラダ

サラダは単に盛りつけるのではなく、層にすることで美しく。コーンをドレッシングであえているので、味つけはいりません。

34
スティックサラダも、
カップ使いでパーティっぽく

切って出すだけのスティックサラダも、盛りつけを変えるだけでかわいく変身。底にドレッシングを入れるのがポイントです。

㉟ お皿に入れるより食べやすく。カップパスタ

平皿だと食べにくいショートパスタも、カップに入れるとこぼさずに食べられます。赤、白、緑で彩りも鮮やかに。

㊱ フライドポテトもカフェっぽくデコレーション

ペーパーナプキンと合わせ使いして盛りつければ、ぐっとおしゃれに。ケチャップは別の容器に入れて添えましょう。

㊲ 1人分だからちょうどいい、カップSUSHI

お一人様ちらしずしのイメージで。ご飯がカップにくっつかないように、一度水で中を軽くしめらせてから盛りつけて。

作り方はp.54〜55参照

chapter 3

カップへの盛りつけ方 （p.52〜53）

クリアカップの選び方

ご飯やパスタ、バラバラするものを盛るなら

盛りつけやすい、口の広いタイプのクリアカップがおすすめ。かためのプラスチック製のものを選んで。今回使用したのは、直径6.6cm×高さ7.5cmのタイプ。

スティック野菜やフライドポテト、長さや高さのあるものを盛るなら

高さのある食材を入れたときに、きちんと立つデザート用の円筒形クリアカップがおすすめ。使用したのは、直径6cm×高さ8cmのタイプ。
※いずれも大型雑貨店で購入可能。

㉝ 2色サラダ の盛りつけ方

□材料（6人分）
ホールコーン（缶詰）425g、スプラウト1パック、プチトマト6個、生ハム6枚、うずらの卵（水煮）3個、市販のイタリアンドレッシング大さじ4

□作り方
1 コーンは缶汁をきり、ドレッシングであえる。
2 カップに1、スプラウトを入れ、種を取って角切りにしたプチトマトを散らし、生ハムと半分に切ったうずらの卵をのせる。

point 1 きれいな層に盛るコツ

盛りつけながら、外からの見え方をチェック。斜めになっていないかを自分の目で確かめて。

point 2 生ハムフラワーの作り方

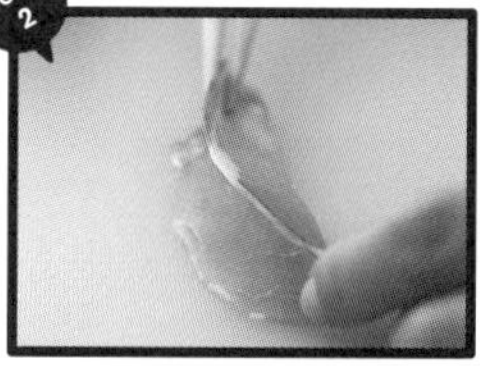

生ハム1枚を半分に折る。

そのまま端をつまんで軸にし、くるくると巻いて、花のつぼみのような形に整える。

㉞ スティックサラダ の盛りつけ方

□材料
4種類の野菜スティック各1〜2本、市販のドレッシング適量

point 先にドレッシングを入れて

カップの底にドレッシングを適量（約大さじ1）入れてから、野菜スティックを入れる。ごまやサウザンなど、時間が経っても油と分離しないとろみが強いドレッシングがおすすめ。

③ カップパスタ の盛りつけ方

□ 材料
トマトソースであえたマカロニ（またはショートパスタ）大さじ2、キャンディチーズ（4mm厚さに切ったもの）1個、バジル適量

point 1 パスタはスプーンで
バラバラするパスタはスプーンですくって盛りつけるとやりやすい。

point 2 飾りはおはしで
キャンディチーズやバジルははしで盛りつけ。最後の仕上げや細かいバランス調整ははしを使う。

③ フライドポテト の盛りつけ方

□ 材料
フライドポテト4〜5本、ケチャップ適量

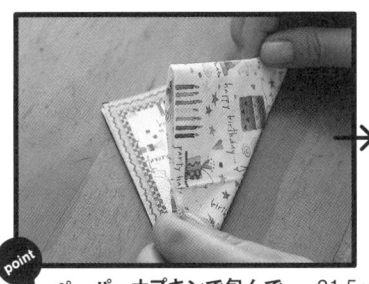

point ペーパーナプキンで包んで
21.5cm四方の小さめのペーパーナプキンを三角に折る。これでフライドポテトを4〜5本巻き、円筒形のクリアカップに入れる。

③ カップSUSHI の盛りつけ方

□ 材料（6人分）
酢めしご飯茶碗3杯、ウインナー6本、ホールコーン（缶詰）190g、市販のフレンチドレッシング適量、アスパラ12本、プチトマト3個

□ 作り方
1 酢めしをカップの高さ¼まで詰め、カップに沿ってゆでて輪切りにしたウインナーを置く。
2 さらに酢めしをカップの半分まで詰め、缶汁をきりドレッシングとあえたコーン、ゆでて4等分にしたアスパラ、半分に切ったプチトマトをのせる。

point ウインナーは外向きに
クリアカップの透明度を生かして、ウインナーの輪切りは外に向けて盛りつけると柄のようになってかわいい。

お菓子は"飾り出し"で、かわいくサーブ

食事とケーキタイムのあと、遊び始める子どもたちのお供になるお菓子はお誕生会には欠かせません。袋菓子をそのまま出すのでは味気ないので、デコレーションする感覚で、ちょっと飾って出せばお誕生会にふさわしいお菓子になりますよ。

③38 手で持てる！テイクアウトポテトチップス

油が染みてもOKのワックスペーパーにポテトチップスやポップコーンを入れて。ざっくりかごに盛って、花かご代わりに。

③39 パーティハットと空きびんを使って

空きびんを再利用してコーディネート。三角屋根の家が並んでいるみたいな外見が目を惹きます。

40

ポップコーンも、
バケツに盛ればわくわく!

子どもたちが大好きなポップコーンはバケツに盛って。盛りつける器を替えるだけで、こんなに楽しい雰囲気になりますよ。

41

棒つきキャンディは、
オレンジにさして

オレンジなら変色もせず、ママの力でも簡単にキャンディをさすことができます。テーブルに置けば、ポップなオブジェにも見えます。

42

人工芝生にさして……
お花畑のチョコレート

輸入食材店などで手に入る、てんとう虫やみつばちの形をしたチョコレートを動きのあるアレンジにして、テーブルの一角を舞台演出。

作り方はp.58〜59参照

chapter 3

"飾り出し"

（p.56〜57）の作り方

❸⓼ テイクアウトポテトチップスの作り方

□ 材料
ワックスペーパー
セロハンテープ
ポテトチップス

これがワックスペーパー

蠟加工がしてある紙で、耐水・耐油に優れている。オイリーなスナックを包んでも大丈夫。輸入雑貨店などで買える。

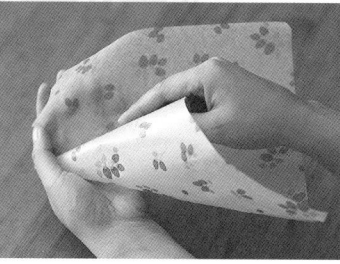

1 ワックスペーパーを1枚取り出し、アイスクリームコーンのような先細りした容れ物になるよう丸める。

2 2〜3ヵ所、セロハンテープでとめる。ポテトチップスを入れる。

❸⓽ パーティハットと空きびんの飾り出しの作り方

□ 材料
パーティハット（ゴムひもを通していないもの）
※作り方は21ページに。
空きびん
お菓子

びんの中にお菓子を入れ、パーティハットをふた代わりにびんの口にのせる。

びんは高低差のあるものを用意して

同じ高さのものだけだとメリハリが出ないので、高低差のあるびんを用意。空きびんがない場合は、100円ショップなどで揃えても。

㊵ バケツポップコーン の作り方

□材料
画用紙
クレヨン
割りばし
セロハンテープ
はさみ
ブリキのバケツ
ポップコーン

割りばしピックの作り方

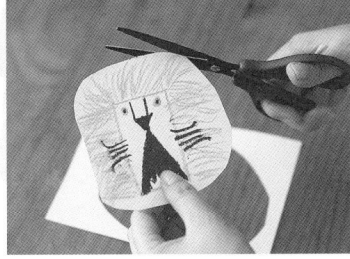

100円ショップでも買えるブリキのバケツ
無地のものが使いやすい。ナチュラル系の雑貨店や100円ショップの300円・500円商品として売られている。

1 子どもにクレヨンで好きな絵を画用紙に描かせ、はさみで切り取る。

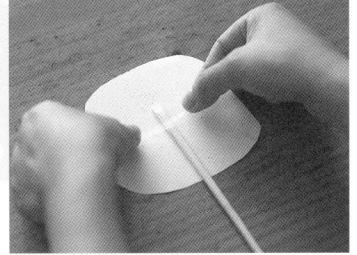

2 1を裏返して割りばしを置き、2〜3ヵ所、セロハンテープでとめる。ポップコーンを入れたバケツにさす。

㊶ オレンジにさした棒つきキャンディ の作り方

□材料
オレンジ
棒つきキャンディ

オレンジをテーブルに置き、倒れないようにバランスを見ながら、棒つきキャンディをさしていく。

㊷ お花畑のチョコレート の作り方

□材料
花つき人工芝生
木製マドラー
5mm幅の両面テープ
てんとう虫形チョコレート（輸入食材店などで購入可能。ほかにもみつばちやちょうちょの形のものを使っても）

1 てんとう虫形のチョコレートの裏に両面テープを貼り、保護シートをはがして木製マドラーに貼る。これを7〜8本作る。

2 花つき人工芝生の隙間にバランスよくさす。他に棒つきキャンディなどをさしても。

木製マドラーは雑貨店やネットショップで
チョコレートを貼りつける木製マドラーは、ナチュラル系の雑貨店や大型雑貨店で購入可能。

人工芝生はお花つきのものを利用
花つきにするとぐっと華やかに。手に入らないときは、35ページの人工芝生で代用を。その場合は、66ページの造花を短かく切り、チョコレートと一緒に散らすとお花畑のようになる。

column #3

アクティビティフードを楽しもう!

「アクティビティ」とは、子どもたちが退屈しないように、お誕生会の途中でやる遊びやゲームのこと。ここでは、"自分たちが食べるごはんを自分たちで作る"アクティビティを紹介。男の子も女の子も3歳くらいから参加できますよ。

デザートパンパーティ

材料をテーブルに用意し、「パンを使って、お顔を作ってみたら?」と言うだけで、子どもたちはすぐ作業に取りかかります。それぞれが自分の作品作りに夢中。その間、しばしママたちは休憩を取ることができます。喜んで創作していくので、途中で材料が足りなくなることは当たり前。多めに用意しておきましょう。

□ 材料
食パンに、この日のトッピング材料は、輪切りにしたバナナとキウイ、ブルーベリー、薄切りりんご、スライスアーモンド、いちごジャム、ピーナッツバター、チョコペン。

マフィンピザパーティ

マフィンを使えば、ピザ生地を用意する手間も省けます。未就学のお子さんの場合、マフィンにピザソースを塗るところまでは、ママがやってあげましょう。あとは子どもたちの好きなように飾らせてあげて。できたところで一度預かり、オーブントースターで2～3分、表面に軽く焼き色がつくまで様子を見ながら焼き上げます。

□材料
おうちのありあわせの材料でOK。2枚にスライスしたマフィンに、細切りのパプリカ、小房に分けたブロッコリー、半分に切ったうずらの卵（水煮）とプチトマト、ウインナー（輪切りと縦切りを用意するといい）、3cm長さに切ったアスパラ、ホールコーン（缶詰）、ピザ用チーズ、市販のピザソース。

essay #3

年齢別・お誕生会の楽しみ方

　お誕生会を楽しむためには、子どもの成長に合わせたお祝いの仕方が必要です。
　ここでは、年齢を未就園児の頃＜1～3歳＞、園児の頃＜4～6歳＞、小学校低学年の頃＜7～10歳＞とグループ分けをしました。
　子どものお誕生会が盛んなアメリカでは、招待する人数は「主役のお子さんの年齢プラス1人」といわれ、とくに2～6歳の未就学児童のお誕生会のお祝いにこの人数設定をおすすめしています。＜7～10歳＞の頃になると、自分のお友だちができる年齢。子どもと相談して決めるのがいいと思いますが、ママがおうちで開くお誕生会でしたら、目の行き届く5～7人くらいがいいでしょう。
　お料理の内容は、＜1～3歳＞は、食べこぼしの心配が少ない手づかみで食べられる1品と、ママに食べさせてもらうメニューを2品ほど用意。＜4～6歳＞は、食べるより遊びに夢中になる頃。主食＋メイン＋サイドの食べ慣れたメニューをひと口サイズで作ると子どもたちも喜んで手を伸ばします。＜7～10歳＞は、食べることにも遊びにも一生懸命。ママがお料理をがんばって作るのもすてきですが、ピザやオープンサンドなど、子どもたちが作りながら食べられるメニューがおすすめです。
　開催時間は、2時間前後を基本とし、子どもの年齢で少しずつ変えていきます。お友だちと長時間遊ぶことに慣れていない＜1～3歳＞は、1時間半。＜4～6歳＞は、2時間。＜7～10歳＞は、2～3時間と多少時間が長くても、お友だちと楽しむことができる頃でしょう。どの年齢も、開催時間をあらかじめお伝えし、子どもたちが疲れる前にお開きを心がけてください。
　時間帯は、ランチタイムなら11時半、ティータイムだったら14時半に開きましょう。

chapter 4

第4章 テーマを決めて、お誕生会を開こう!

4〜5歳になると一人一人の子どもに好みが出てきて、女の子と男の子の違いもはっきりとしてきます。プリンセスが好き、車が好き、動物が好き……etc. わが子が好きなものをお誕生会のテーマにして、ステップアップしたパーティを開いてみませんか。基本になるのは「はじめてのお誕生会」。そこへアレンジを加えたり、好きなアイテムをプラスするだけで、コーディネートに立体感が生まれ、本格的になりますよ。

女の子に人気の
プリンセスパーティ

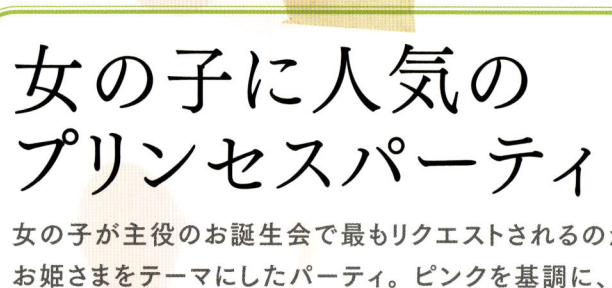

女の子が主役のお誕生会で最もリクエストされるのが、お姫さまをテーマにしたパーティ。ピンクを基調に、お花やちょうちょなど女の子らしいモチーフを加えていきます。とことん甘いコーディネートにして、お姫さま気分を満喫できる会場にしましょう！

chapter 4

43 おもちゃのティアラをのせて。プリンセスケーキ

シフォンケーキの上に、おもちゃのティアラをのせてデコレーション。まわりも造花で飾って、かわいらしく仕上げます。

44 画用紙ランチョンマットもファンシーに

お誕生会に欠かせない画用紙ランチョンマットは、レースシールを貼ってプリンセス仕様に。横に貼っても、縦に貼っても構いません。

おうちにある平皿とコップを使って

中央にコップを置いて高さを出し、フルーツやお菓子を盛りつけて。高低差を出すことでテーブルの上が立体的になり、目を惹きます。

45 お誕生会の定番、シャワーカーテンクロス

シャワーカーテンをテーブルクロス代わりに使えば、食べ物や飲み物をこぼしても拭くだけで済みます。

46 ちょうちょの壁飾りで、壁も華やか!

ちょうちょの型紙（79ページ）を使って、壁に貼りつけるだけ。紙の色は同じピンクでも濃淡のある2色を使うと、ぐっと華やかに。

作り方はp.66〜67参照

chapter 4

プリンセスパーティ

(p.64～65)の開き方

43 プリンセスケーキの作り方

□材料
市販のシフォンケーキ（ホール）
造花
フラワーペーパー
おもちゃのティアラ
直径27cmのケーキ皿
オーブンシート

これがフラワーペーパー

これが造花

1 造花の枝を2cm長さほどに切る。造花は300円ショップ「CouCou」で5本315円で売っているものを使用。

2 ケーキ皿の上にフラワーペーパーを2～3枚重ねて敷き、シフォンケーキをのせる。皿とフラワーペーパーの間に1の造花をさし込む。

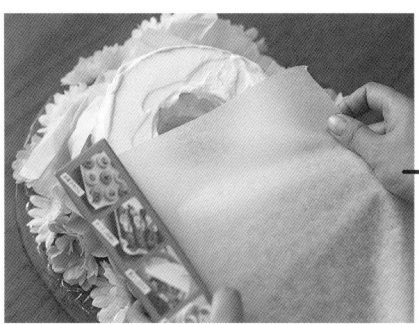

3 シフォンケーキの直径に合わせてオーブンシートを切り、いちばん上にのせ、おもちゃのティアラをのせる。

4 ケーキ中央の隙間部分に、1の造花を置く。

point

ティアラは必需品
ティアラは100円ショップや子ども用アクセサリーショップで購入できる。

㊹ 画用紙 ランチョンマットの作り方

□材料
A4サイズの画用紙2色
レースデコレーションシール

画用紙のふちに沿って、1ヵ所レースシールを貼る。縦横どちらのふちに沿って貼ってもいい。

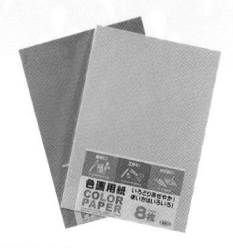

画用紙2色
テーブルに置いたときにグラデーションになるよう、ピンクで濃淡のある2色を用意する。

レースデコレーションシール
100円ショップ、300円ショップで購入可能。写真のラメ入りタイプは300円ショップ「3COINS」で購入。

㊺ シャワーカーテンクロス

安いシャワーカーテンで充分！
300円ショップやインテリアショップIKEAなどでかわいいプリントものが揃う。使ったあと、たたんで保存しておけば何度でも使える。

㊻ 壁飾り ～リボン編～の作り方

□材料
フリルリボン
両面テープ

フリルがついたリボンを使えば、動きや影が出てよりすてきに見える。リボンは100円ショップのもの。

リボンの両端に両面テープをつけ、ゆるやかな半円状になるように壁に貼る。

㊻ 壁飾り ～ちょうちょ編～の作り方

□材料
B4サイズの画用紙（ピンクの濃淡で2色）
えんぴつ
はさみ
両面テープ

79ページで型紙をチェック

1 型紙を290％にコピーしたもので画用紙に型を取り、はさみで切り取る。全部で8枚ほど作る。

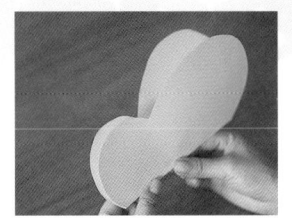

2 切り取ったちょうちょ型を、すべて半分に折る。こうすることで立体的になる。

3 折り目の中央に両面テープを貼る。

4 両面テープの保護シールをはがし、壁に貼っていく。

男の子が喜ぶ、サファリパーティ

電車や車だと好き嫌いが分かれますが、動物なら子どもたちはみんな大好き。青を基調に、元気いっぱいのコーディネートにしましょう。食べ物も手づかみで食べられるものをメインにして、男の子らしく！ もちろん動物好きな女の子のテーマにしても構いません。

chapter 4

47 フィギュアを飾って♪ アニマルケーキ

何でもないチョコレートケーキが、動物のフィギュアをさしただけで元気な見た目に大変身。子どもたちの歓声が聞こえてきそう。

48 "置くだけ"で完成! 人工芝生ランチョンマット

ランチョンマットは人工芝生を使うだけで、アウトドアな雰囲気を演出。"サファリ"のテーマにぴったりです!

49 サバイバルフードで、雰囲気を盛り上げて

男の子ならかわいさじゃなくて、ワイルドさを追求! りんごやペットボトルの水など"手づかみ"できるものを用意。

50 パーティ感がぐんとアップ。ヘリウムバルーン

ちょっと奮発してヘリウムガスの風船を浮かべると、お誕生会の飾りつけはぐっと盛り上がります。ときにはこんな飾りもいかが?

作り方はp.70～71参照

chapter 4

サファリパーティ (p.68〜69)の開き方

㊼ アニマルケーキの作り方

□ 材料
市販のチョコレートケーキ(ホール)
ウエハース適量
市販の抹茶クッキー適量
動物・木のフィギュア
ラップ

動物のフィギュアは、おもちゃ屋さんで簡単に手に入る。

チョコレートケーキの色に合わせて、濃い茶色のウエハースを選ぶと色味が合う。

1 動物のフィギュアなら足に、木のフィギュアなら幹の部分にラップをかけ、ケーキにさす。

2 1のラップが見えないように、抹茶クッキーで隠す。

3 ウエハースはそのままの長さで使うものと、1cmほど長さをカットしたものの2種類を用意。

4 ケーキのまわりに長さの違うウエハースを交互に貼りつけていく。

㊽ 人工芝生ランチョンマットの作り方

人工芝生については35ページをチェック

人工芝生の上に直接食べ物をのせたお皿を置いてもよし。紙ナプキンを1枚敷いてもいい。

鮮やかな色の紙皿と木製フォークを合わせて

人工芝生には、青のほか赤や黄色の元気な色の紙皿が合う。フォークも木製にするとぴったり。木製フォークはスーパーマーケットなどでも買える。

㊾ サバイバルフード の作り方

□材料
事務用丸形シール（直径3cm）
スタンプ＆インク

丸形シールにお友だちの名前をスタンプで押す。りんごと水のペットボトルに貼る。

事務用丸形シール
文房具店で手に入る。スタンプで名前を押すので、直径3cmの大きさはほしい。

スタンプ＆インク
英字スタンプは100円ショップや輸入雑貨店で手に入る。インクも100円ショップで購入可能。

㊿ ヘリウム風船 の作り方

□材料

ヘリウムガス
ヘリウムガスは、大型雑貨店のパーティコーナーなどで取り扱っている。120ℓ入り6000円前後。

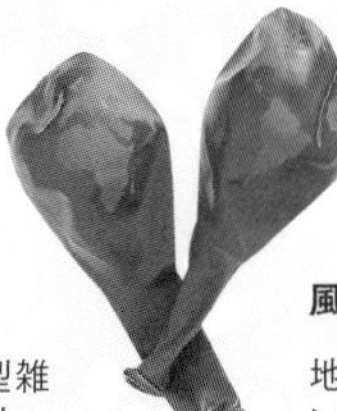

風船
地図が描かれたバルーンは、「ナランハ バルーン カンパニー」で購入可能。20個入り1396円。

カールリボン
はさみでしごくとカールするリボン。大型雑貨店や、少量でよければ100円ショップでも購入可能。

はさみ

1 風船にヘリウムガスを入れて、口を縛る。※必ず事前に取り扱い説明書を読むように。

2 縛り口にカールリボンを長めにつけ、はさみでしごいてカールさせる。

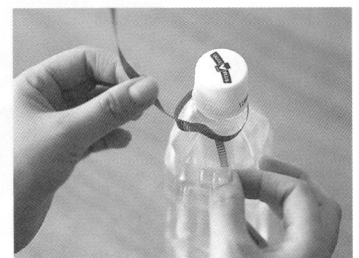

3 家にあるペットボトルなどに結びつけて重石にし、壁に沿って均等に置く。

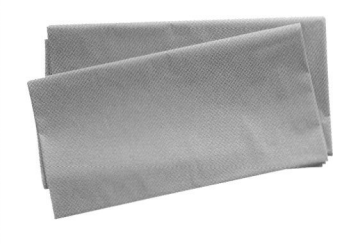

汚れ防止のため、ビニール製の布をクロス代わりに

水をはじくビニール製の布は、生地屋さんで1m 450円前後の安価なものを使用。色のバリエーションが豊富で、無地だからどんなテーマのお誕生会にも合わせやすい。

水玉パーティ
＆ストライプパーティ

どちらも「柄」をテーマにしたお誕生会。アイテムも集めやすく、作りやすいのが特徴。丸みのある水玉はパステルカラーでまとめて、ほんわかと女の子らしく。直線的でかっこいいストライプは鮮やかな色でまとめて、元気いっぱいの男の子向きに作ってみました。

chapter 4

51 輪飾りは、パステルカラーでまとめて

輪飾りのいいところは、色によって雰囲気が変わること。パステルカラー3色で作れば、空間もやわらぎます。

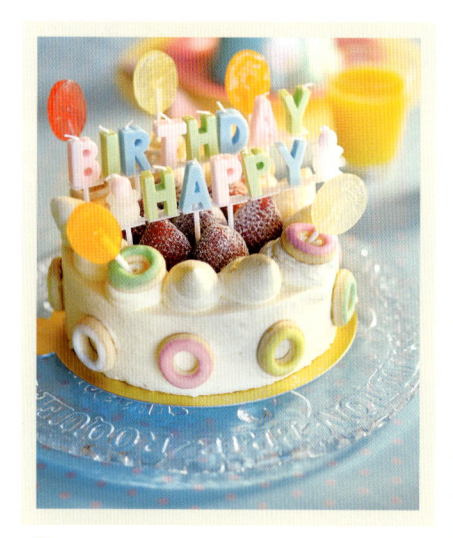

52 市販のケーキをデコレーション。水玉ショートケーキ

ドーナツ形のクッキーをケーキのデコレーションに使って、水玉風の雑貨みたいなかわいいケーキに仕上げて。

53 ランチョンマットも丸形で揃えて

水玉を連想させる丸形モチーフもランチョンマットに取り込んで。並べて上から見ると、テーブルも水玉模様に見えます。

54 パーティハットも水玉にアレンジ

小物も水玉にすることで、全体に統一感が出ます。基本のパーティハットに、事務用丸形シールを貼るだけで完成。

55 お菓子は丸い器に入れて統一

水玉をテーマに、丸みのあるモチーフでまとめているのに、四角い器を使ってはコーディネートが台無し。お菓子を入れる器も丸にしましょう。

57 壁&天井の デコレーションで、 にぎやかに

100円ショップのパーティデコレーションアイテムを、そのまま利用。手作りする手間が省けます。

56 ロールケーキも しましまにアレンジ

子どもたちが大好きなロールケーキを使って。水溶きしたジャムを接着剤代わりに塗り、チョコスプレーをストライプ状にくっつけます。

58 ランチョンマットは、 布をコピー

ストライプの布をカラーコピーすれば、オリジナルランチョンマットのでき上がり。いろいろな柄の生地でバリエーションを楽しんで。

59 折り紙で作る、 パクパクお菓子入れ

幼稚園や保育園で習う折り紙の「パクパク」。大きな画用紙で作れば、お菓子を入れる器に変身します。

作り方はp.74〜75参照

chapter 4

水玉パーティ　（p.72）の開き方

52 水玉ショートケーキの作り方

□ 材料
市販のショートケーキ
　（ホール）
ドーナツ形クッキー適量
棒つきキャンディ適量
バースデーキャンドル

バースデーキャンドル

ドーナツ形クッキー

棒つきキャンディ

1　ショートケーキの側面に、ドーナツ形クッキーを均等間隔に貼る。ドーナツ形クッキーは、スーパーマーケットなどで購入可能。

2　バースデーキャンドルをケーキの中央にさす。キャンドルはケーキ屋さんで取り扱っているもので構わない。

3　市販の棒つきキャンディをケーキにさす。ドーナツ形クッキーを通してさしてもにぎやかに。

53 丸形ランチョンマットの作り方

□ 材料
B4サイズの画用紙
直径23cmのお皿
ペン
はさみ

1　画用紙の上に皿を裏返して置き、ペンで型を取る。

2　1をはさみで切り取る。多少ゆがんだり、ギザギザになっても構わない。

54 水玉パーティハットの作り方

パーティハットにバランスよく丸形シールを貼る。ハットの色は、パーティに合わせてパステルカラーに。

※パーティハットの作り方は21ページに。

事務用丸形シールを活用

71ページにも出てきた事務用丸形シールを活用。直径3cmの"大粒"なものがいい。

55 丸い器で統一

丸い器を使えば、テーブルを上から見たときに全体が水玉模様に見える。こうした視覚効果も全体を統一しておしゃれに見せる大事なコツ。

51 輪飾りの作り方

部分部分に両面テープを貼った画用紙を4cm幅の短冊状に切り、つなげていく。

※詳しい作り方は15ページに。

画用紙の色選びのコツ

パステルカラーでまとめるなら、ピンク、黄色の暖色に、淡いブルーか緑を差し色に使うときれい。3色以内にまとめるのがコツ。

ストライプパーティ

(p.73)の開き方

56 ストライプロールケーキ の作り方

□材料
市販のロールケーキ
チョコスプレー
マーマレードジャム
水

1 ジャムののびがよくなるまで水を少しずつ加える。スプーンでロールケーキの表面2ヵ所に塗る。

2 ジャムを塗った箇所にチョコスプレーをふりかける。

3 余分なチョコスプレーを払い落す。

57 天井飾り の作り方

□材料
パーティちょうちん
リボン
セロハンテープ
はさみ

これがパーティちょうちん
アメリカ国旗模様のものを使用。パーティー提灯105円／ザ・ダイソー

1 ちょうちん形に成形し、通し穴にリボンかひもを結びつけ、輪になるようにする。

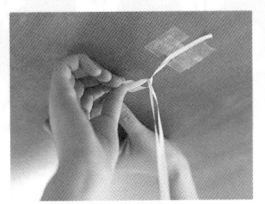

2 結び目をY字形に開き、セロハンテープで天井にとめる。こうすると力のバランスが取れて落ちにくい。

58 ストライプランチョンマット の作り方

□材料
ストライプの布地
A4サイズのコピー用紙（なるべく厚めのもの）

布をA4サイズの紙より少し大きめに切る。家庭用かコンビニエンスストアのコピー機でカラーコピーする。

57 壁飾り の作り方

□材料
ガーランド（3m）
セロハンテープ

両端と中央をセロハンテープでとめ、波状になるように壁に貼る。

ちょうちんと合わせて、アメリカ国旗柄に。アメリカンガーランド（3m）105円／ザ・ダイソー

これがガーランド

59 パクパクお菓子入れ の作り方

□材料
B4サイズの画用紙2枚
セロハンテープ
はさみ

1 画用紙を2枚セロハンテープでつなげる。裏のつなぎ目もセロハンテープでとめる。

2 端を折って三角形にし、余った部分ははさみで切る。これで正方形の大きな折り紙が完成。これを使う。

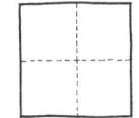

1 4等分に折り、1度開く。

2 折り目に沿って内側に折る。

3 裏返し、2と同じように折る。

4 表に戻し、十字線に沿って折り目をつける。

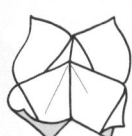

5 十字部分に指を入れて開く。お菓子を入れて、立てる。

column #4

お誕生会
思い出保存術

お誕生会の思い出は、大切に保存しておきたいもの。そのためにも撮っておきたい写真や食べる前に撮るべき写真を覚えておきましょう。写真はデータに落とすだけではなく、プリントしてカードにしたり、額に入れるといつまでも新鮮な記憶として残ります。

ここで撮っておけば間違いなし！　写真撮影のポイント

全員集合したら、まずテーブルの前で記念撮影

子どものパーティの場合、全員きちんと揃って写真を撮れるチャンスは最初の集合時。ママががんばって作ったテーブルコーディネートの前に集合させて撮影しましょう。

撮れた写真は画用紙カードに

お誕生会後、来てくれたお礼にこのとき撮った写真をお渡しすると喜ばれます。画用紙をカード形に折り、写真を貼るだけでサンキューカードの完成。写真は「縦長」で撮ると、あとで画用紙カードに貼りやすいですよ。

食べる前にケーキの写真もおさえておきましょう

お誕生会のテーブルの主役・バースデーケーキの写真も撮影しておくと、あとでとてもいい思い出になります。余裕があるときは、お料理の撮影をしておくのもおすすめ。

接写モードで撮って

ケーキの写真は、デジカメの接写モードで撮るときれいに。部屋が暗くない限り、なるべくフラッシュは焚かずに撮りましょう。

壁に布を貼って、2ショットを撮影

お別れ間際には、壁の一部にパーティのテーマに沿った色の布をガムテープで貼り、来てくれたお友だち一人一人と記念撮影をします。

たとえば、こんな風にアレンジして記念に

プリントアウトした写真を白い画用紙に貼り、ポラロイド風に切る。これを中敷きになる画用紙に貼って、B4サイズの額に入れる。

デコした額に入れて、プレゼントしても

全員で撮った写真は、100円ショップや300円ショップの額に入れてプレゼント。中敷きがプラスチック製ならお誕生会の間はランチョンマットとして使い、アクティビティで子どもたちの好きなようにシールやリボンでデコレーションさせてお土産に持たせ、後日「あの額に入れてね」と写真をお渡しすればOK。

白のシンプルな額縁なら女の子にも男の子にも！

男の子と女の子の両方が参加するお誕生会もあるでしょう。そのときは、2色用意するのではなく白にすれば、性別に関係なく使えます。

パーティハット

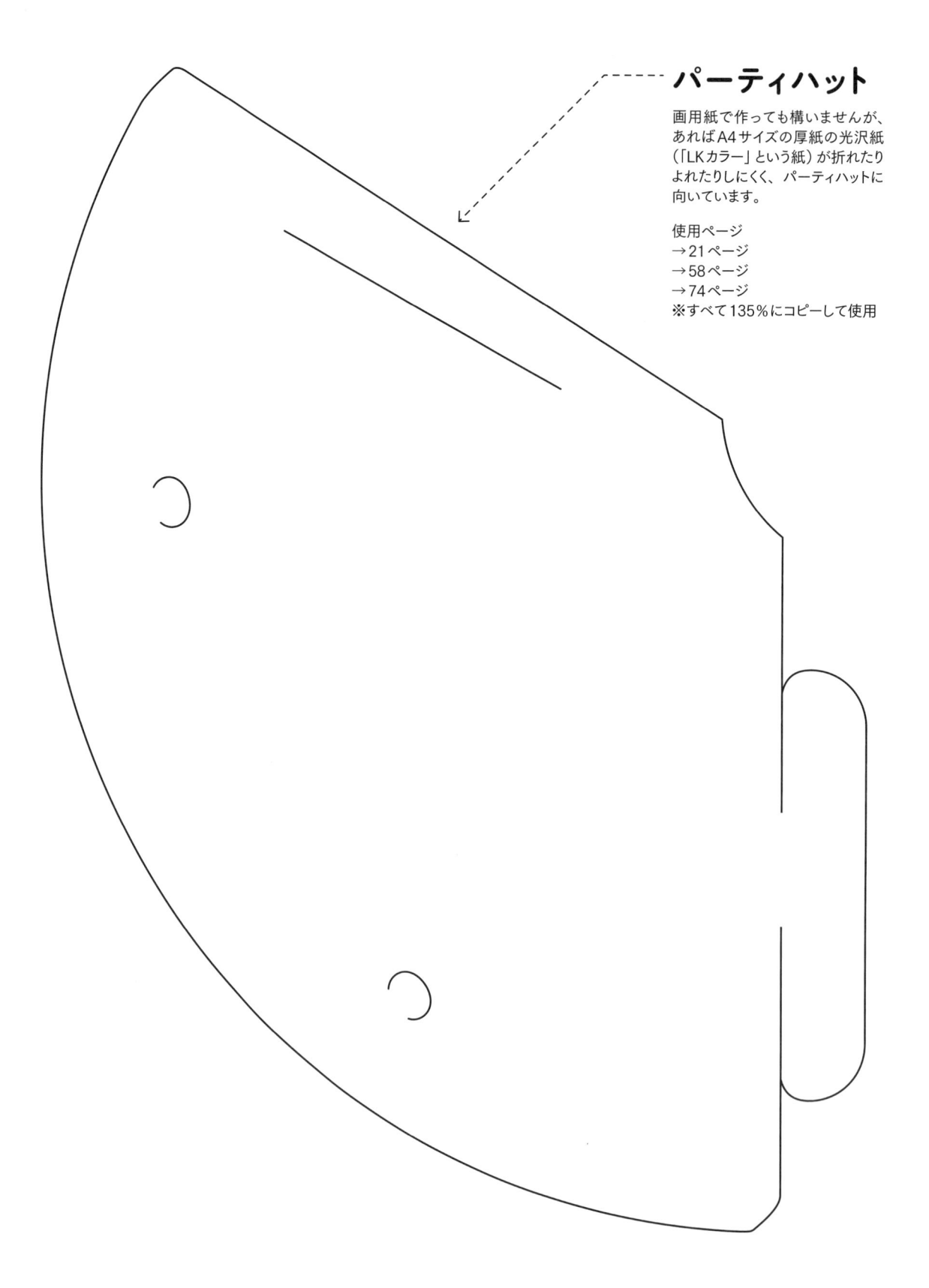

画用紙で作っても構いませんが、あればA4サイズの厚紙の光沢紙（「LKカラー」という紙）が折れたりよれたりしにくく、パーティハットに向いています。

使用ページ
→21ページ
→58ページ
→74ページ
※すべて135％にコピーして使用

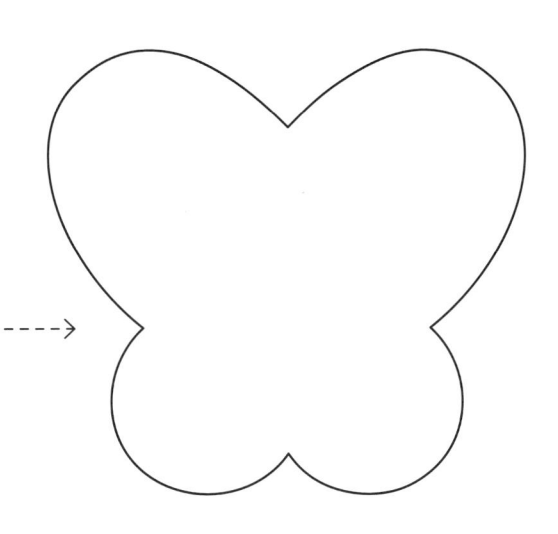

ちょうちょ

女の子でも、青が好きな子はいます。ときには白と青でちょうちょのモチーフを作って、お誕生会の会場を飾れば、ピンクや赤で作った雰囲気とはまた違った空間を楽しめます。

使用ページ
→26ページ　100％にコピー
→67ページ　290％にコピー

型紙

お誕生会を盛り上げてくれる〝紙グッズ〟も、型紙があれば簡単に作れます。家庭用やコンビニエンスストアのコピー機で、それぞれ必要な倍数にコピーして使用してください。

協力店

CouCou代官山店　03-3780-4505
ザ・ダイソー　082-420-0100
3COINS新宿店　03-5363-0312
nut2deco　03-5788-2826
www.nut2deco.com

ナランハ バルーン カンパニー　0120-913-477
http://www.naranja.co.jp/balloon/index.html

辰元草子（たつもと そうこ）

アニヴァーサリー・プランナー。エコールエミーズ プロフェッショナルコース ディプロマ取得後、「SOCO'S Anniversary」を主宰。「記念日を思い出に残るものに」をコンセプトに数々のキッズパーティをプロデュース。ママの目線に立ったパーティが評判を呼び、女性誌でも活躍中。「ママのためのキッズパーティ講座」「親子で楽しむキッズパーティ」などのイベントも開催。

http://www.socos-anniversary.com/

講談社の実用BOOK
簡単なのにセンスがいい！　はじめてのお誕生会

2011年3月14日　第1刷発行
2014年7月7日　第6刷発行

著者／辰元草子
©Soco Tatsumoto 2011, Printed in Japan
ブックデザイン／髙橋 良
撮影／青砥茂樹（本社写真部）
イラスト／cocoro、アベクニコ（P.75）
企画・編集／児玉響子（Koach & Wong）

撮影協力／飯沼友唯ちゃん、磯貝唯斗くん、木村結菜ちゃん、志賀海空くん、立花遼馬くん、千代延秋桜ちゃん、本田 響くん、松岡知伯くん・由紀乃さん、町田妃南美ちゃん、山口真奈ちゃん、渡邉明吉くん

発行者／鈴木 哲
発行所／株式会社 講談社　〒112-8001　東京都文京区音羽2-12-21
電話／編集部03(5395)3527　販売部03(5395)3625　業務部03(5395)3615
印刷所／日本写真印刷株式会社　製本所／株式会社若林製本工場

落丁本・乱丁本は購入書店名を明記のうえ、小社業務部あてにお送りください。送料小社負担にてお取り替えいたします。
なお、この本の内容についてのお問い合わせは、生活文化第一出版部あてにお願いいたします。定価はカバーに表示してあります。
本書のコピー、スキャン、デジタル化等の無断複製は著作権法上での例外を除き、禁じられています。
本書を代行業者等の第三者に依頼してスキャンやデジタル化することはたとえ個人や家庭内の利用でも著作権法違反です。

ISBN978-4-06-299733-1